Unsere schönsten Weihnachtsgedichte

Unsere schönsten

WEIHNACHTS-GEDICHTE

Herausgegeben von
Berthold Clewing

FALKEN
TaschenBuch

Zum gleichen Thema sind im FALKEN TaschenBuch bereits folgende Titel erschienen:
Die schönsten Krippenspiele und Weihnachtsstücke (60459)
Die schönsten Weihnachtslieder (60460)
Die schönsten Weihnachtsgeschichten für Kinder (60462)
Sie sind überall dort erhältlich, wo es Bücher gibt.

Dieses Buch wurde auf chlorfrei gebleichtem
und säurefreiem Papier gedruckt.

Originalausgabe

ISBN 3 635 60496 8

Umschlaggestaltung: Zembsch' Werkstatt, München
Gestaltung: Beate Müller-Behrens
Redaktion: dm druckmedien, München/Falk Steins
Herstellung: dm druckmedien, München/Beate Müller-Behrens
Titelbild: Gruner + Jahr Fotoservice, Hamburg
Satz: dm druckmedien, München
Druck: Freiburger Graphische Betriebe GmbH, Freiburg

817 2635 4453 6271

Inhalt

Advent

Rainer Maria Rilke *Advent* 8

Joachim Ringelnatz *Weihnachten* 8

Gottfried Keller *Christmarkt vor dem Berliner Schloß* 9

Hoffmann von Fallersleben *Der Traum* 9

Theodor Storm *Das Bettelkind* 11

Theodor Fontane *Weihnachtsepistel* 12

Georg Trakl *Ein Winterabend* 13

Rainer Maria Rilke *Es gibt so wunderweiße Nächte* 14

Theodor Storm *Weihnachtslied* 14

Joseph von Eichendorff *Weihnachten* 15

Nikolaus

Theodor Storm *Knecht Ruprecht* 16

aus Schlesien *Es war mal im Dezember* 18

Hoffmann von Fallersleben *Nußknacker* 18

Hoffmann von Fallersleben *Vom Honigkuchenmann* 19

Unbekannt *Der Bratapfel* 20

Unbekannt *Ich wünsch mir was* 21

Kinderreim *Ach, du lieber Nikolaus* 21

Heiliger Abend

Christian Fürchtegott Gellert *Weihnachtslied* 22

Conrad Ferdinand Meyer *Friede auf Erden* 23

Annette von Droste-Hülshoff *Am Weihnachtstag* 25

Nikolaus Lenau *Weihnacht* 26

Simon Dach *Das Volk, das im Finstern wandelt, siehet ein großes Licht* 27

Johann Christian Günther *Weihnachtslied* 28

Johann Olearius *Wunderbarer Gnadenthron* 29
Eduard Mörike *Die heilige Nacht* 30
Wolfgang Amadeus Mozart *Sei uns mit Jubelschalle* 31
Andreas Gryphius *Über die Geburt Jesu* 31
Rainer Maria Rilke *Geburt Christi* 32
aus der Gegend von Linz a.D. *Gebet an der Krippe* 33
Angelus Silesius *Wird Christus tausendmal in Bethlehem geboren* 34
Friedrich von Spee *Zu Bethlehem geboren* 35
aus dem Elsaß *Erfreue dich, Himmel* 36
Martin Luther *Gelobet seist du, Jesu Christ* 36
Volksgut *Altes Weihnachtslied* 38
Annette von Droste-Hülshoff *Zu Bethlehem, da ruht ein Kind* 39
13. Jahrhundert *Maria hielt den Herrn im Schoß* 40
Christian Friedrich Daniel Schubart *Hirtenlied* 40
Friedrich Rückert *Aus „Bethlehem und Golgatha“* 41
Walther von der Vogelweide *Im gelobten Lande* 42
Friedrich von Spee *Christgesang* 43

Weihnachten

aus Bayern *Wer klopfet an?* 44
Rainer Maria Rilke *Argwohn Josephs* 46
Volksgut *Über die Hütte weht der Wind* 46
Franz Pocci *Der Weihnachtsstern* 47
Eduard Mörike *Schlafendes Jesuskind* 48
Christian Friedrich Hebbel *Die Weihe der Nacht* 48
Johann Wolfgang von Goethe *Weihnachten* 49
Conrad Ferdinand Meyer *Der gleitende Purpur* 50
Theodor Fontane *Weihnachten* 52
Joachim Ringelnatz *Die Weihnachtsfeier des Seemanns Kuttel Daddeldu* 52
Franz Grillparzer *Weihnachten* 55
Rainer Maria Rilke *Vor Weihnachten 1914* 56
Christian Morgenstern *Das Weihnachtsbäumlein* 57

Ernst Moritz Arndt *Der Weihnachtsbaum* 58
Joseph von Eichendorff *Die Flucht der Heiligen Familie* 59

Neujahr
Eduard Mörike *Zum neuen Jahr* 61
Matthias Claudius *Des alten lahmen Invaliden Görgel sein Neujahrswunsch* 62
Annette von Droste-Hülshoff *Am letzten Tage des Jahres* 64

Heilige Drei Könige
Peter Cornelius *Die Könige* 66
Rainer Maria Rilke *Die heiligen drei Könige (Legende)* 67
aus dem 16. Jahrhundert *Dreikönigslied* 69
Johann Wolfgang von Goethe *Epiphaniasfest* 70
Wilhelm Busch *Der Stern* 72
Volksgut *Das Lied der Sternsinger* 72

Advent

Advent

Es treibt der Wind im Winterwalde
die Flockenherde wie ein Hirt,
und manche Tanne ahnt, wie balde
sie fromm und lichterheilig wird.

Und lauscht hinaus. Den weißen Wegen
streckt sie die Zweige hin – bereit,
und wehrt dem Wind und wächst entgegen
der einen Nacht der Herrlichkeit.

Rainer Maria Rilke

Weihnachten

Liebeläutend zieht durch Kerzenhelle,
mild, wie Wälderduft, die Weihnachtszeit,
und ein schlichtes Glück streut auf die Schwelle
schöne Blumen der Vergangenheit.

Hand schmiegt sich an Hand im engen Kreise,
und das alte Lied von Gott und Christ
bebt durch Seelen und verkündet leise,
daß die kleinste Welt die größte ist.

Joachim Ringelnatz

Christmarkt vor dem Berliner Schloß

Welch lustiger Wald um das hohe Schloß
hat sich zusammengefunden,
ein grünes, bewegliches Nadelgehölz,
von keiner Wurzel gebunden!

Anstatt der warmen Sonne scheint
das Rauschgold durch die Wipfel,
hier backt man Kuchen, dort brät man Wurst,
das Räuchlein zieht um die Gipfel.

Der eine kauft bescheidnes Gewächs
zu überreichen Geschenken,
der andere einen gewaltigen Strauch,
drei Nüsse daran zu henken.

Und kommt die Nacht, so singt der Wald
und wiegt sich im Gaslichtscheine;
da führt die ärmste Mutter ihr Kind
vorüber dem Zauberhaine.

Gottfried Keller

Zum Auswendiglernen für Kinder

★★★☆☆★★★☆☆★★★☆☆★★★☆☆★★★☆☆★★★☆☆★★★☆☆★★★

Der Traum

Ich lag und schlief, da träumte mir
ein wunderschöner Traum:
Es stand auf unserm Tisch vor mir
ein hoher Weihnachtsbaum.

Und bunte Lichter ohne Zahl,
die brannten rings umher,
die Zweige waren allzumal
von goldnen Äpfeln schwer.

Und Zuckerpuppen hingen dran:
Das war mal eine Pracht!
Da gab's, was ich nur wünschen kann
und was mir Freude macht.

Und als ich nach dem Baume sah
und ganz verwundert stand,
nach einem Apfel griff ich da,
und alles, alles schwand.

Da wacht ich auf aus meinem Traum,
und dunkel war's um mich:
Du lieber, schöner Weihnachtsbaum,
sag an, wo find ich dich?

Da war es just, als rief er mir:
„Du darfst nur artig sein,
dann steh ich wiederum vor dir –
jetzt aber schlaf nur ein!

Und wenn du folgst und artig bist,
dann ist erfüllt dein Traum,
dann bringet dir der Heilge Christ
den schönsten Weihnachtsbaum."

Hoffmann von Fallersleben

★★★☆☆☆★★★☆☆☆★★★☆☆☆★★★☆☆☆★★★☆☆☆★★★☆☆☆★★★

Das Bettelkind

Die fremde Stadt durchschritt ich sorgenvoll,
der Kinder denkend, die ich ließ zu Haus.
Weihnachen war's; durch alle Gassen scholl
der Kinderjubel und des Markts Gebraus.

Und wie der Menschenstrom mich fortgespült,
drang mir ein heiser' Stimmlein in das Ohr:
„Kauft, lieber Herr!" Ein magres Händchen hielt
Feilbietend mir ein ärmlich' Spielzeug vor.

Ich schrak empor, und beim Laternenschein
sah ich ein bleiches Kinderangesicht;
wes Alters und Geschlechts es mochte sein,
erkannt' ich im Vorübertreiben nicht.

Nur von dem Treppenstein, darauf es saß,
noch immer hört' ich, mühsam, wie es schien:
„Kauft, lieber Herr!" den Ruf ohn' Unterlaß;
doch hat wohl keiner ihm Gehör verliehn.

Und ich? – War's Ungeschick, war es die Scham,
am Weg zu handeln mit dem Bettelkind?
Eh' meine Hand zu meiner Börse kam,
Verscholl das Stimmlein hinter mir im Wind.

Doch als ich endlich war mit mir allein,
erfaßte mich die Angst im Herzen so,
als säß' mein eigen Kind auf jenem Stein
und schrie nach Brot, indessen ich entfloh.

Theodor Storm

Weihnachtsepistel

London, 19. Dezember 1855, 3 1/2 Uhr morgens

Im Café „Diwan“ wieder einmal
starr ich in die flammenden Leuchter,
das Herz wird weihnachtssentimental,
und die Wimpern werden feuchter;
doch zwischen die Tränen tritt Freund Humor,
ein gemütlich-lustiger Lerse,
und nur ein leiser Trauerflor
legt sich um die lachenden Verse.

Ich seh im Geist ein rumpliges Haus
und eine rumplige Stube,
drei Frauen gehen ein und aus,
und der vierte ist mein Bube.
Die älteste Frau hat schwarzes Haar,
und die jüngste hat es nicht minder,
das macht, es ist, wie's immer war,
es ähneln sich Mutter und Kinder.

Die dritte sieht ihren Knaben an
unter Lachen und unter Weinen,
die denkt: ‚Ich hab eine Art von Mann
und hab auch wieder keinen.‘
Der Junge spielt und fährt über See,
um seinen Vater zu suchen,
er ruft: „Lieb Mutter mein, ade,
ich hole den Butterkuchen.“

Der Vater, ach, ihm ist nicht nett,
er muß sich wehren und stemmen,
er säß' viel lieber im Kabriolett
und passierte Friesack und Cremmen;
er spränge gern zum Wagen hinaus
am Kanal und der Kirchplatzecke
und schleppte gern in das rumplige Haus
den besten der Ruprechtsäcke.

Es kann nicht sein, am Londoner Strand,
in Simpsons stolzer Taverne,
legt an die Stirn er seine Hand
und träumt sich ferne, ferne;
er sieht durch Nebel und über das Meer
eine Fülle lieber Gesichter,
und heimisch wird es um ihn her,
als brennten die Weihnachtslichter ...

Theodor Fontane

☆☆☆

Ein Winterabend

Wenn der Schnee ans Fenster fällt,
lang die Abendglocke läutet,
vielen ist der Tisch bereitet
und das Haus ist wohlbestellt.

Mancher auf der Wanderschaft
kommt ans Tor auf dunklen Pfaden.
Golden blüht der Baum der Gnaden
aus der Erde kühlem Saft.

Wanderer tritt still herein;
Schmerz versteinerte die Schwelle.
Da erglänzt in reiner Helle
auf dem Tische Brot und Wein.

Georg Trakl

Es gibt so wunderweiße Nächte

Es gibt so wunderweiße Nächte,
drin alle Dinge Silber sind.
Da schimmert mancher Stern so lind,
als ob er fromme Hirten brächte
zu einem neuen Jesuskind.

Weit wie mit dichtem Demantstaube
bestreut, erscheinen Flur und Flut,
und in die Herzen, traumgemut,
steigt ein kapellenloser Glaube,
der leise seine Wunder tut.

Rainer Maria Rilke

☆☆☆

Weihnachtslied

Vom Himmel in die tiefsten Klüfte
ein milder Stern herniederlacht;
vom Tannenwalde steigen Düfte
und hauchen durch die Winterlüfte,
und kerzenhelle wird die Nacht.

Mir ist das Herz so froh erschrocken,
das ist die liebe Weihnachtszeit!
Ich höre fernher Kirchenglocken
mich lieblich heimatlich verlocken
in märchenstille Herrlichkeit.

Ein frommer Zauber hält mich wieder,
anbetend, staunend muß ich stehn;
es sinkt auf meine Augenlider,
ein goldner Kindertraum hernieder,
ich fühl's, ein Wunder ist geschehn.

Theodor Storm

Weihnachten

Markt und Straßen stehn verlassen,
still erleuchtet jedes Haus,
sinnend geh' ich durch die Gassen,
alles sieht so festlich aus.
An den Fenstern haben Frauen
buntes Spielzeug fromm geschmückt,
tausend Kindlein stehn und schauen,
sind so wunderstill beglückt.
Und ich wandre aus den Mauern
bis hinaus ins freie Feld,
hehres Glänzen, heil'ges Schauern!
Wie so weit und still die Welt!
Sterne hoch die Kreise schlingen;
aus des Schnees Einsamkeit
steigt's wie wunderbares Singen:
O du gnadenreiche Zeit!

Joseph von Eichendorff

Nikolaus

Knecht Ruprecht

Von drauß vom Walde komm' ich her;
ich muß euch sagen, es weihnachtet sehr!

Allüberall auf den Tannenspitzen
sah ich goldene Lichtlein sitzen;

und droben aus dem Himmelstor
sah mit großen Augen das Christkind hervor.

Und wie ich so strolcht' durch den finstern Tann,
da riefs mich mit heller Stimme an:

Knecht Ruprecht, rief es, alter Gesell,
hebe die Beine und spute dich schnell!

Die Kerzen fangen zu brennen an,
das Himmelstor ist aufgetan,

Alt' und Junge sollen nun
von der Jagd des Lebens einmal ruhn;

und morgen flieg' ich hinab zur Erden,
denn es soll wieder Weihnachten werden!

Ich sprach: O lieber Herre Christ,
meine Reise fast zu Ende ist;

ich soll nur noch in diese Stadt,
wo's eitel gute Kinder hat.

Hast denn das Säcklein auch bei dir?
Ich sprach: Das Säcklein, das ist hier;

denn Äpfel, Nuß und Mandelkern
essen fromme Kinder gern.

Hast denn die Rute auch bei dir?
Ich sprach: Die Rute, die ist hier;

doch für die Kinder nur, die schlechten,
die trifft sie auf den Teil, den rechten.

Christkindlein sprach: So ist es recht;
so geh mit Gott, mein treuer Knecht!

Von drauß vom Walde komm' ich her;
ich muß euch sagen, es weihnachtet sehr!

Nun sprecht, wie ich's hierinnen find'!
Sind's gute Kind, sind's böse Kind?

Theodor Storm

★★★

Es war mal im Dezember

Es war mal im Dezember, da spielten einmal fein
zwei Brüder und ein Schwesterlein in ihrem Stübchen klein.

Und wie sie also spielten, da klopft es draußen an,
und in das Stüblein poltert ein Ungetüm von Mann.

Der war auf seinem Leibe rauh wie ein wilder Bär,
auch brummte er so grimmig, als ob er einer wär'.

„Nun, Kinder, laßt mich hören: Seid ihr auch fromm und gut?
So betet her ein Sprüchlein, sonst schlag ich mit der Rut'."

Die Kinder aber beten, so fromm, wie sich's gebührt,
und hab'n mit ihrem Sprüchlein den rauhen Mann gerührt.

Dann plötzlich hagelt's Nüsse und Äpfel um sie her,
den Brummbär aber sahen die Kinderchen nicht mehr.

aus Schlesien

Nußknacker

Nußknacker, du machst ein grimmig Gesicht –
ich aber, ich fürchte vor dir mich nicht:
Ich weiß, du meinst es gut mit mir,
drum bring ich meine Nüsse dir.

Ich weiß, du bist ein Meister im Knacken:
Du kannst mit deinen dicken Backen
gar hübsch die harten Nüsse packen
und weißt sie vortrefflich aufzuknacken.

Nußknacker, drum bitt' ich dich,
hast bessere Zähn' als ich.
O knacke nur, knacke immerzu!
Ich will dir zu Ehren
die Kerne verzehren.
O knacke nur, knack knack, knack! immerzu!
Ei, welch ein braver Kerl bist du.

Hoffmann von Fallersleben

Vom Honigkuchenmann

Keine Puppe will ich haben –
Puppen gehn mich gar nichts an.
Was erfreun mich kann und laben,
ist ein Honigkuchenmann,
so ein Mann mit Leib und Kleid
durch und durch von Süßigkeit.

Stattlicher als eine Puppe
sieht ein Honigkerl sich an,
eine ganze Puppengruppe
mich nicht so erfreuen kann.
Aber seh ich recht dich an,
dauerst du mich, lieber Mann.

Denn du bist zum Tod erkoren –
bin ich dir auch noch so gut,
ob du hast ein Bein verloren,
ob das andre weh dir tut:
Armer Honigkuchenmann,
hilft dir nichts, du mußt doch dran!

Hoffmann von Fallersleben

★★★☆☆☆★★★☆☆☆★★★☆☆☆★★★☆☆☆★★★☆☆☆★★★☆☆☆★★★

Der Bratapfel

Kinder, kommt und ratet,
was im Ofen bratet!
Hört, wie's knallt und zischt.
Bald wird er aufgetischt,
der Zipfel, der Zapfel,
der Kipfel, der Kapfel,
der gelbrote Apfel.

Kinder, lauft schneller,
holt einen Teller,
holt eine Gabel!
Sperrt auf den Schnabel
für den Zipfel, den Zapfel,
den Kipfel, den Kapfel,
den goldbraunen Apfel.

Sie pusten und prusten,
sie gucken und schlucken,
sie schnalzen und schmecken,
sie lecken und schlecken
den Zipfel, den Zapfel,
den Kipfel, den Kapfel,
den knusprigen Apfel.

Unbekannt

★★★☆☆☆★★★☆☆☆★★★☆☆☆★★★☆☆☆★★★☆☆☆★★★☆☆☆★★★

Ich wünsch mir was

Ich wünsch mir was!
Was ist denn das?
Das ist ein Schloß aus Marzipan
mit Türmen aus Rosinen dran
und Mandeln an den Ecken.
Ganz zuckersüß und braungebrannt
und jede Wand aus Zuckerkand –
da kann ich tüchtig schlecken!
Und Diener laufen hin und her
mit Saft und Marmelade,
und drinnen, in dem Schlosse drin,
sitzt eine Frau, die Königin –
die ist aus Schokolade!

Unbekannt

Zum Auswendiglernen für Kinder

★★★☆☆☆★★★☆☆☆★★★☆☆☆★★★☆☆☆★★★☆☆☆★★★☆☆☆★★★☆☆☆★★★

Ach, du lieber Nikolaus

Ach, du lieber Nikolaus,
komm doch einmal in mein Haus!
Hab' so lang an Dich gedacht!
Hast mir auch was mitgebracht?

Kinderreim

★★★☆☆☆★★★☆☆☆★★★☆☆☆★★★☆☆☆★★★☆☆☆★★★☆☆☆★★★☆☆☆★★★

Heiliger Abend

Weihnachtslied

Dies ist der Tag, den Gott gemacht;
sein werd in aller Welt gedacht!
Ihn preise, was durch Jesum Christ
im Himmel und auf Erden ist!

Die Völker haben dein geharrt,
bis daß die Zeit erfüllet ward;
da sandte Gott von seinem Thron
das Heil der Welt, dich, seinen Sohn.

Wenn ich dies Wunder fassen will,
so steht mein Geist vor Ehrfurcht still;
er betet an und er ermißt,
daß Gottes Lieb unendlich ist.

Damit der Sünder Gnad erhält,
erniedrigst du dich, Herr der Welt,
nimmst selbst an unsrer Menschheit teil,
erscheinst im Fleisch und wirst uns Heil.

Herr, der du Mensch geboren wirst,
Immanuel und Friedensfürst,
auf den die Väter hoffend sahn,
dich, Gott Messias, bet ich an.

Du unser Heil und höchstes Gut,
vereinest dich mit Fleisch und Blut,
wirst unser Freund und Bruder hier,
und Gottes Kinder werden wir.

Durch eines Sünde fiel die Welt,
ein Mittler ists, der sie erhält.
Was zagt der Mensch, wenn der ihn schützt,
der in des Vaters Schoße sitzt?

Jauchzt, Himmel, die ihr ihn erfuhrt,
den Tag der heiligsten Geburt;
und Erde, die ihn heute sieht,
sing ihm, dem Herrn, ein neues Lied.

Dies ist der Tag, den Gott gemacht;
sein werd in aller Welt gedacht!
Ihn preise, was durch Jesum Christ
im Himmel und auf Erden ist.

Christian Fürchtegott Gellert

Friede auf Erden

Da die Hirten ihre Herde
ließen und des Engels Worte
trugen durch die niedre Pforte
zu der Mutter und dem Kind,
fuhr das himmlische Gesind
fort im Sternenraum zu singen,
fuhr der Himmel fort zu klingen:
„Friede, Friede auf der Erde!“

Seit die Engel so geraten,
O wie viele blut'ge Taten
hat der Streit auf wildem Pferde,
der geharnischte, vollbracht!
In wie mancher Heil'gen Nacht
sang der Chor der Geister zagend,
dringlich flehend, leis verklagend:
„Friede, Friede auf der Erde!"

Doch es ist ein ew'ger Glaube,
daß der Schwache nicht zum Raube
jeder frechen Mordgebärde
werde fallen allezeit:
Etwas wie Gerechtigkeit
webt und wirkt in Mord und Grauen,
und ein Reich will sich erbauen,
das den Frieden sucht der Erde.

Mählich wird es sich gestalten,
seines heil'gen Amtes walten,
Waffen schmieden ohne Fährde,
Flammenschwerter für das Recht,
und ein königlich Geschlecht
wird erblühn mit starken Söhnen,
dessen helle Tuben dröhnen:
„Friede, Friede auf der Erde!"

Conrad Ferdinand Meyer

★★★

Am Weihnachtstag

Still ist die Nacht; in seinem Zelt geborgen,
der Schriftgelehrte späht mit finstren Sorgen,
wann Judas mächtiger Tyrann erscheint;
den Vorhang lüftet er, nachstarrend lange
dem Stern, der gleitet über Äthers Wange,
wie Freudenzähre, die der Himmel weint.

Und fern vom Zelte über einem Stalle,
da ist's, als ob aufs niedre Dach er falle;
in tausend Radien sein Licht er gießt.
Ein Meteor, so dachte der Gelehrte,
als langsam er zu seinen Büchern kehrte.
O weißt du, wen das niedre Dach umschließt?

In einer Krippe ruht ein neugeboren
und schlummernd Kindlein;
wie im Traum verloren.
Die Mutter kniet, Weib und Jungfrau doch.
Ein ernster, schlichter Mann
rückt tief erschüttert
das Lager ihnen; seine Rechte zittert
dem Schleier nahe um den Mantel noch.

Und an der Türe stehn geringe Leute,
mühsel'ge Hirten, doch die ersten heute;
und in den Lüften klingt es süß und lind,
verlorne Töne von der Engel Liede:
Dem Höchsten Ehr'
und allen Menschen Friede,
die eines guten Willens sind!

Annette von Droste-Hülshoff

Weihnacht

O Nacht des Mitleids und der Güte,
die auf Judäa niedersank,
als einst der Menschheit sieche Blüte
den frischen Tau des Himmels trank.

O Weihnacht! Weihnacht! Höchste Feier!
Wir fassen ihre Wonne nicht,
sie hüllt in ihre heil'gen Schleier
das seligste Geheimnis dicht.

Denn zöge jene Nacht die Decken
vom Abgrund uns der Liebe auf,
wir stürben vor entzücktem Schrecken,
eh' wir vollbracht den Erdenlauf.

Der Menschheit schmachtendes Begehren
nach Gott, die Sehnsucht, tief und bang,
die sich ergoß in heißen Zähren,
die als Gebet zum Himmel rang;

die Sehnsucht, die zum Himmel lauschte
nach dem Erlöser je und je;
die aus Prophetenherzen rauschte
in das verlass'ne Erdenweh.

Die Sehnsucht, die so lange Tage
nach Gotte hier auf Erden ging
als Träne, Lied, Gebet und Klage;
sie ward Maria – und empfing.

Nikolaus Lenau
(aus: „Savonarola")

Das Volk, das im Finstern wandelt, siehet ein großes Licht

Die wir in Todes Schatten
so lang gesessen sind
und kein Erleuchtung hatten,
in Gottes Sachen blind,
und kunnten nichts verstehen,
nicht Gnade noch Gericht,
sehn über uns aufgehen
anjetzt ein großes Licht;

ein Licht, dadurch wir schauen
in Gottes Herz hinein,
daß er in Zuvertrauen
der Unsere nun will sein;
ein Licht, das heftig brennet
in unser Fleisch und Blut,
daß sich ein Mensch erkennet,
und was für Sünd er tut;

ein Licht, das plötzlich fähret
tief in der Gräber Nacht
und uns den Tod erkläret
mit aller seiner Macht,
das uns die Hölle zeiget
und was darinnen ist,
da Satan sich eräuget
samt seiner ganzen List,

das über Mond und Sonne
sich in den Himmel dringt
und uns der Engel Wonne
klar zu Gesichte bringt,
das uns vor Augen malet,
wie nichts sein Welt und Zeit
und wie für allen strahlet
der Glanz der Ewigkeit.

Simon Dach

Weihnachtslied

Die Nacht ist hin, nun wird es licht,
da Jakobs Stern die Wolken bricht:
Ihr Völker hebt die Häupter auf,
und merkt der goldnen Zeiten Lauf!

Du süßer Zweig aus Jesse Stamm,
mein Heil, mein Fürst, mein Schatz, mein Lamm!
Ach schau doch hier mit Freuden her
wie wenn mein Herz die Wiege wär.

Ach komm doch, liebster Seelenschatz!
Der Glaube macht dir deinen Platz:
Die Liebe steckt das Feuer an,
das auch den Stall erleuchten kann!

Ihr Töchter Salems, küßt den Sohn!
Des Höchsten Liebe brennet schon.
Kommt, küßt das Kind! es stillt den Zorn.
Ach, nun erhebt der Herr sein Horn!

Johann Christian Günther

Wunderbarer Gnadenthron

Wunderbarer Gnadenthron,
Gottes und Marien Sohn,
Gott und Mensch, ein kleines Kind,
das man in der Krippen findt,
großer Held von Ewigkeit,
dessen Macht und Herrlichkeit
rühmt die ganze Christenheit:

Du bist arm und machst zugleich
uns an Leib und Seele reich.
Du wirst klein, du großer Gott,
und machst Höll und Tod zu Spott.
Aller Welt wird offenbar,
ja auch deiner Feinde Schar,
daß du, Gott, bist wunderbar.

Laß mir deine Güt und Treu
täglich werden immer neu.
Gott, mein Gott, verlaß mich nicht,
wenn mich Not und Tod anficht.
Laß mich deine Herrlichkeit,
deine Wundergütigkeit
schauen in der Ewigkeit.

Johann Olearius

★★★

★★★☆☆☆★★★☆☆☆★★★☆☆☆★★★☆☆☆★★★☆☆☆★★★☆☆☆★★★

Die heilige Nacht

Gesegnet sei die heilige Nacht,
die uns das Licht der Welt gebracht! –

Wohl unterm lieben Himmelszelt
die Hirten lagen auf dem Feld.

Ein Engel Gottes, licht und klar,
mit seinem Gruß tritt auf sie dar.

Vor Angst sie decken ihr Angesicht,
da spricht der Engel: „Fürcht't euch nicht!

Ich verkünd euch große Freud:
der Heiland ist euch geboren heut."

Da gehn die Hirten hin in Eil,
zu schaun mit Augen das ewig Heil;

zu singen dem süßen Gast Willkomm,
zu bringen ihm ein Lämmlein fromm.–

Bald kommen auch gezogen fern
die heilgen drei König mit ihrem Stern.

Sie knien vor dem Kindlein hold,
schenken ihm Myrrhen, Weihrauch, Gold.

Vom Himmel hoch der Engel Heer
frohlocket: „Gott in der Höh sei Ehr!"

Eduard Mörike

★★☆☆☆★★☆☆☆★★☆☆☆★★☆☆☆★★☆☆☆★★☆☆☆★★☆☆☆★★

Sei uns mit Jubelschalle

Sei uns mit Jubelschalle, Christkindchen, heut' gegrüßt!
Wie freuen wir uns alle, daß dein Geburtstag ist!
Für uns zur Welt geboren, lagst du auf Heu und Stroh;
sonst wären wir verloren, nun aber sind wir froh!

Laß nun bei so viel Gaben uns nie vergessen dein!
Denn dich im Herzen haben geht über goldnen Schein.
O laß bei allen Kleinen im ganzen Erdenrund
heut deine Lieb erscheinen, o mach dich allen kund!

Wolfgang Amadeus Mozart

☆☆☆

Über die Geburt Jesu

Nacht, mehr denn lichte Nacht! Nacht, lichter als der Tag!
Nacht, heller als die Sonn! in der das Licht geboren,
das Gott, der Licht in Licht wohnhaftig, ihm erkoren!
O Nacht, die helle Nächt und Tage trotzen mag!

O freudenreiche Nacht, in welcher Ach und Klag
und Finsternis, und was sich auf die Welt verschworen,
und Furcht und Höllen-Angst und Schrecken war verloren!
Der Himmel bricht; doch fällt nunmehr kein Donnerschlag.

Der Zeit und Nächte schuf, ist diese Nacht ankommen
und hat das Recht der Zeit und Fleisch an sich genommen
und unser Fleisch und Zeit der Ewigkeit vermacht.

Der Jammer trübe Nacht, die schwarze Nacht der Sünden,
des Grabes Dunkelheit muß durch die Nacht verschwinden.
Nacht, lichter als der Tag! Nacht, mehr denn lichte Nacht!

Andreas Gryphius

☆☆☆

Geburt Christi

Hättest du der Einfalt nicht, wie sollte
dir geschehn, was jetzt die Nacht erhellt?
Sieh, der Gott, der über Völkern grollte,
macht sich mild und kommt in dir zur Welt.

Hast du dir ihn größer vorgestellt?

Was ist Größe? Quer durch alle Maße,
die er durchstreicht, geht sein grades Los.
Selbst ein Stern hat keine solche Straße.
Siehst du, diese Könige sind groß,

und sie schleppen dir vor deinen Schoß

Schätze, die sie für die größten halten,
und du staunst vielleicht bei dieser Gift -:
aber schau in deines Tuches Falten,
wie er jetzt schon alles übertrifft.

Aller Amber, den man weit verschifft,

jeder Goldschmuck und das Luftgewürze,
das sich trübend in die Sinne streut:
alles dieses war von rascher Kürze,
und am Ende hat man es bereut.

Aber (du wirst sehen): Er erfreut.

Rainer Maria Rilke

Zum Auswendiglernen für Kinder

★★★☆☆☆★★★☆☆☆★★★☆☆☆★★★☆☆☆★★★☆☆☆★★★☆☆☆★★★

Gebet an der Krippe

Du König des Himmels,
du Freud aller Welt;
wie ist deine Wiege
so ärmlich bestellt;
da liegst du im Stalle
bei Esel und Rind
in elender Krippe,
du göttliches Kind!

Die Gaben der Armut
nimm gnädiglich heut
und einzig die Herzen,
dir ewig geweiht.
Und riefst du uns heute
zur Krippe dahier,
so nimm uns auch einstens
in'n Himmel zu dir.

aus der Gegend von Linz a. D.

★★★☆☆☆★★★☆☆☆★★★☆☆☆★★★☆☆☆★★★☆☆☆★★★☆☆☆★★★

Wird Christus tausendmal in Bethlehem geboren

Wird Christus tausendmal in Bethlehem geboren
und nicht in dir, du bleibst noch ewiglich verloren.

Gott schleußt sich unerhört' in Kindes Kleinheit ein:
Ach möcht ich doch ein Kind in diesem Kinde sein.

Ach könnte nur dein Herz zu einer Krippe werden,
Gott würde noch einmal ein Kind auf dieser Erden.

Merk, in der stillen Nacht wird Gott, ein Kind, geborn,
und wiederum ersetzt, was Adam hat verlorn.

Ist deine Seele still und dem Geschöpfe Nacht,
so wird Gott in dir Mensch und alles wiederbracht.

Hier liegt das werte Kind, der Jungfrau erste Blum,
der Engel Freud und Lust, der Menschen Preis und Ruhm.

Soll er dein Heiland sein und dich zu Gott erheben,
so mußt du nicht sehr weit von seiner Krippe leben.

Der Himmel senket sich, er kommt und wird zur Erden;
wann steigt die Erd empor und wird zum Himmel werden?

Angelus Silesius

★★★

Zu Bethlehem geboren

Zu Bethlehem geboren
ist uns ein Kindelein.
Das hab ich auserkoren,
sein eigen will ich sein.

In seine Lieb versenken
will ich mich ganz hinab,
mein Herz will ich ihm schenken
und alles, was ich hab.

O Kindelein, von Herzen
will ich dich lieben sehr
in Freuden und in Schmerzen,
je länger mehr und mehr.

Dich, wahren Gott, ich finde
in meinem Fleisch und Blut,
darum ich fest mich binde
an Dich, mein höchstes Gut.

Dazu Dein Gnad mir gebe,
bitt ich aus Herzens Grund.
daß ich allein dir lebe
jetzt und zu aller Stund.

Laß mich von Dir nicht scheiden,
knüpf zu, knüpf zu das Band
der Liebe zwischen beiden.
Nimm hin mein Herz zum Pfand.

Friedrich von Spee

Erfreue dich, Himmel

Erfreue dich, Himmel, erfreue dich, Erden,
erfreue sich alles, was fröhlich kann werden.
Auf Erden hier unten, im Himmel dort droben,
das Kind in der Krippe wollen wir loben.

Erd, Wasser, Luft, Feuer und himmlische Flammen,
ihr Menschen und Engel, stimmt alle zusammen!
Auf Erden hier unten, im Himmel dort droben,
das Kind in der Krippe wollen wir loben.

aus dem Elsaß

Gelobet seist du, Jesu Christ

Gelobet seist du, Jesu Christ,
daß du Mensch geboren bist
von einer Jungfrau, das ist wahr,
des freuet sich der Engel Schar.
Kyrieleis.

Des ewigen Vaters einig Kind
jetzt man in der Krippe findt;
in unser armes Fleisch und Blut
verkleidet sich das ewig Gut.
Kyrieleis.

Den aller Welt Kreis nie umschloß,
der liegt in Marien Schoß;
er ist ein Kindlein worden klein,
der alle Ding erhält allein.
Kyrieleis.

Das ewig Licht geht da herein,
gibt der Welt ein' neuen Schein;
es leucht wohl mitten in der Nacht
und uns des Lichtes Kinder macht.
Kyrieleis.

Der Sohn des Vaters, Gott von Art,
ein Gast in der Welt hie ward
und führt uns aus dem Jammertal;
er macht uns Erben in sei'm Saal.
Kyrieleis.

Er ist auf Erden kommen arm,
daß er unser sich erbarm
und in dem Himmel mache reich
und seinen lieben Engeln gleich.
Kyrieleis.

Daß hat er alles uns getan,
sein groß Lieb zu zeigen an.
Des freu sich alle Christenheit
und dank ihm des in Ewigkeit.
Kyrieleis.

Martin Luther

Altes Weihnachtslied

Du lieber, heil'ger, frommer Christ,
der für uns Kinder kommen ist,
damit wir sollen weiß und rein
und rechte Kinder Gottes sein.

Du lieber, heil'ger, frommer Christ,
weil heute dein Geburtstag ist,
drum ist auf Erden weit und breit
bei allen Kindern frohe Zeit.

O segne mich, ich bin noch klein,
o mache mir das Herze rein,
o bade mir die Seele hell
in deinem reichen Himmelsquell.

Daß ich wie Englein Gottes sei,
in Demut und in Liebe treu;
daß ich dein bleibe für und für,
du heil'ger Christ, das schenke mir!

Volksgut

Zu Bethlehem, da ruht ein Kind

Zu Bethlehem, da ruht ein Kind,
im Kripplein eng und klein,
das Kindlein ist ein Gotteskind,
nennt Erd' und Himmel sein.

Zu Bethlehem, da liegt im Stall,
bei Ochs und Eselein,
der Herr, der schuf das Weltenall,
als Jesukindchen klein.

Von seinem gold'nen Thron herab
bringt's Gnad und Herrlichkeit,
bringt jedem eine gute Gab',
die ihm das Herz erfreut.

Der bunte Baum vom Licht erhellt,
der freuet uns gar sehr,
ach, wie so arm die weite Welt,
wenn's Jesukind nicht wär'!

Das schenkt uns Licht und Lieb' und Lust
in froher, heil'ger Nacht.
Das hat, als es nichts mehr gewußt,
sich selbst uns dargebracht.

O wenn wir einst im Himmel sind,
den lieben Englein nah,
dann singen wir dem Jesukind
das wahre Gloria.

Annette von Droste-Hülshoff

Maria hielt den Herrn im Schoß

Maria hielt den Herrn im Schoß
viel süße Tränen sie vergoß;
das Kindlein sie in Tücher band,
mit reinen Windeln es umwand.

Das Kripplein rauh, die harte Stätt',
das war sein' Wieg und Kinderbett;
ein Öchslein und ein Eselein,
die standen bei der Krippe fein.

Der Esel aber und das Rind
erkannten wohl das heil'ge Kind,
den Kopf voll Ehrfurcht neigten sie
und sanken nieder auf die Knie,

sie schauten ihren Schöpfer da
und wußten nimmer wie's geschah,
da mochte keines trinken, essen,
das hatten sie vor Lust vergessen.

13. Jahrhundert

Hirtenlied

Schlaf wohl, du Himmelsknabe du,
schlaf wohl, du süßes Kind,
dich fächeln Engelein zur Ruh
mit sanftem Himmelswind.
Wir arme Hirten singen dir
ein herzlich Wiegenliedchen für:
schlafe, Himmelssöhnchen, schlafe.

Maria hat mit Mutterblick
dich leise zugedeckt,
und Joseph hält den Hauch zurück,
daß er dich nicht erweckt.
Die Schäflein, die im Stalle sind,
verstummen vor dir, Himmelskind;
schlafe, Himmelssöhnchen, schlafe.

So schlummert in der Mutter Schoß
noch manches Kindlein ein,
doch wird das arme Kindlein groß,
so hat es Angst und Pein.
O Jesulein, durch deine Huld,
hilf's ihnen tragen mit Geduld.
Schlafe, Himmelssöhnchen, schlafe.

Christian Friedrich Daniel Schubart

☆☆☆

Aus „Bethlehem und Golgatha"

Er ist in Bethlehem geboren,
der uns das Leben hat gebracht.
Und Golgatha hat er erkoren,
durchs Kreuz zu brechen Todes Macht.
Ich fuhr vom abendlichen Strande
hinaus, hindurch die Morgenlande;
und Größeres ich nirgends sah
als Bethlehem und Golgatha.

Wie sind die sieben Wunderwerke
der alten Welt dahingerafft,
wie ist der Trotz der ird'schen Stärke
erlegen vor der Himmelskraft!
Ich sah sie, wo ich mochte wallen,
in ihre Trümmer hingefallen,
und stehn in stiller Gloria
nur Bethlehem und Golgatha.

O Herz, was hilft es, daß du knieest
an seiner Wieg' im fremden Land?
Was hilft es, daß du staunend siehest
das Grab, aus dem er längst erstand?
Daß er in dir geboren werde
und daß du sterbest dieser Erde
und lebest ihm, nur dieses ja
ist Bethlehem und Golgatha.

Friedrich Rückert

☆☆☆

Im gelobten Lande

Nun erst leb ich ohne Fährde,
seit sich meinem Auge weist
das heilige Land und diese Erde,
die man also lobt und preist.
Mein ist, was ich je erbat,
da ich schauen darf den Pfad,
welchen menschlich Gott betrat.

Schöne Lande, segensreiche,
hab ich Wandrer viel gesehn,
keines, das sich dir vergleiche:
Was sind Wunder hier geschehn!
Eine Magd ein Kind gebar
hehr von aller Engel Schar:
Ob das nicht ein Wunder war!

Walther von der Vogelweide
(übertragen von Karl Simrock)

Christgesang

Der Wind auf leeren Straßen
streckt aus die Flügel sein,
streicht hin gar scharf ohn Maßen
zur Bethlehemskrippen ein;
er brummelt hin und wieder,
der fliegend Winterbot',
greift an die Gleich und Glieder
dem menschgewordnen Gott.

Ach, ach, laß ab vom Brausen,
laß ab, du schnöder Wind,
laß ab vom kalten Sausen
und schon' das schöne Kind;
vielmehr du deine Schwingen
zerschlag im wilden Meer,
allda dich satt magst ringen,
kehr nur nit wieder her!

Friedrich von Spee

Weihnachten

Wer klopfet an?

Wer klopfet an?
„O, zwei gar arme Leut'."
Was wollt ihr denn?
„O, gebt uns Herberg heut!
O, durch Gottes Lieb' wir bitten,
öffnet uns doch eure Hütten!"
O nein, o nein!
„O, lasset uns doch ein!"
Es kann nicht sein.
„Wir wollen dankbar sein!"
Nein, es kann einmal nicht sein,
da geht nur fort! Ihr kommt nicht ein!

Wer vor der Tür?
„Ein Weib mit ihrem Mann."
Was wollt denn ihr?
„Hört unsre Bitten an:
lasset heut bei euch uns wohnen,
Gott wird euch schon alles lohnen!"
Was zahlt ihr mir?
„Kein Geld besitzen wir."
Dann geht von hier.
„O, öffnet uns die Tür!"
Ei, macht mir kein Ungestüm,
da packt euch, geht woanders hin!

Was weinet ihr?
„Vor Kält' erstarren wir."
Wer kann dafür?
„O, gebt uns doch Quartier!
Überall sind wir verstoßen,
jedes Tor ist uns verschlossen!"
So bleibt halt drauß!
„O, öffnet uns das Haus!"
Da wird nichts drauß!
„Zeigt uns ein andres Haus!"
Dort geht hin zur nächsten Tür!
Ich hab' nicht Platz. Geht nur von hier!

Da geht nur fort!
„O, Freund, wohin, wo aus?"
Ein Viehstall dort!
„Geh, Joseph, nur voraus!
O, mein Kind, nach Gottes Willen
mußt du schon die Armut fühlen!"
Jetzt packt euch fort!
„O, dieses harte Wort!"
Zum Viehstall dort!
„O, wohl ein schlechter Ort!"
Ei, der Ort ist gut für euch;
ihr braucht nicht viel. Da geht nur gleich!

aus Bayern

★★★

Argwohn Josephs

Und der Engel sprach und gab sich Müh
an dem Mann, der seine Fäuste ballte;
aber siehst du nicht an jeder Falte,
daß sie kühl ist wie die Gottesfrüh.

Doch der andre sah ihn finster an,
murmelnd nur: Was hat sie so verwandelt?
Doch da schrie der Engel: Zimmermann,
merkst du's noch nicht, daß der Herrgott handelt?

Weil du Bretter machst, in deinem Stolze,
willst du wirklich den zur Rede stelln,
der bescheiden aus dem gleichen Holze
Blätter treiben macht und Knospen schwelln?

Er begriff. Und wie er jetzt die Blicke,
recht erschrocken, zu dem Engel hob,
war der fort. Da schob er seine dicke
Mütze langsam ab. Dann sang er lob.

Rainer Maria Rilke

☆☆☆

Über die Hütte weht der Wind

Über die Hütte weht der Wind,
wo Joseph und Maria sind.
In den Ritzen Heu und Stroh,
und die beiden so wunderfroh.

In diesem allerärmsten Haus
geht ein Glanz von dem Kinde aus,
das in dieser sel'gen Nacht
in der Krippe liegt und lacht.

Engel kommen und wiegen es ein.
Das ist das süße Jesulein.

Volksgut

Zum Auswendiglernen für Kinder

★★★☆☆☆★★★☆☆☆★★★☆☆☆★★★☆☆☆★★★☆☆☆★★★☆☆☆★★★

Der Weihnachtsstern

Vom Osten strahlt ein Stern herein
mit wunderbarem hellen Schein,
es naht, es naht ein himmlisch Licht
das sich in tausend Strahlen bricht!

Ihr Sternlein auf dem dunklen Blau,
die all ihr schmückt des Himmels Bau,
zieht euch zurück vor diesem Schein,
ihr werdet alle winzig klein!

Verdunkelt, Sonnenlicht und Mond,
die ihr so stolz am Himmel thront,
er nahet heilig leuchtend fern
vom Osten her der Morgenstern.

Franz Pocci

★★★☆☆☆★★★☆☆☆★★★☆☆☆★★★☆☆☆★★★☆☆☆★★★☆☆☆★★★

Schlafendes Jesuskind

Sohn der Jungfrau, Himmelskind! Am Boden
auf dem Holz der Schmerzen eingeschlafen,
das der fromme Meister, sinnvoll spielend,
deinen leichten Träumen unterlegte;
Blume du, noch in der Knospe dämmernd
eingehüllt die Herrlichkeit des Vaters.
O wer sehen könnte, welche Bilder
hinter dieser Stirne, diesen schwarzen
Wimpern sich in sanftem Wechsel malen.

Eduard Mörike
(auf ein Bild von Francesco Albani)

☆☆☆

Die Weihe der Nacht

Nächtliche Stille!
Heilige Fülle,
wie von göttlichem Segen schwer,
säuselt aus ewiger Ferne daher.

Was da lebte,
wie aus engem Kreise
auf ins Weitste strebte,
sanft und leise
sank es in sich selbst zurück
und quillt auf in unbewußtem Glück.

Und von allen Sternen nieder
strömt ein wunderbarer Segen,
daß die müden Kräfte wieder
sich in neuer Frische regen,
und aus seinen Finsternissen
tritt der Herr, so weit er kann,
und die Fäden, die zerrissen,
knüpft er alle wieder an.

Christian Friedrich Hebbel

Weihnachten

Bäume leuchtend, Bäume blendend,
überall das Süße spendend,
in dem Glanze sich bewegend,
alt' und junges Herz erregend.
Solch ein Fest ist uns bescheret,
mancher Gaben Schmuck verehret;
staunend schaun wir auf und nieder,
hin und her und immer wieder.

Aber, Fürst, wenn dirs begegnet,
und ein Abend so dich segnet,
daß als Lichter, daß als Flammen
vor dir glänzten allzusammen
alles, was du ausgerichtet,
alle, die sich dir verpflichtet,
mit erhöhten Geistesblicken
fühltest herrliches Entzücken.

Johann Wolfgang von Goethe

Der gleitende Purpur

„Eia Weihnacht! Eia Weihnacht!"
schallt im Münsterchor der Psalm der Knaben.
Kaiser Otto lauscht der Mette,
Diener hinter sich mit Spend und Gaben.

Eia Weihnacht! Eia Weihnacht!
Heute, da die Himmel niederschweben,
wird dem Elend und der Blöße
Mäntel er und warme Röcke geben.

Hundert Bettler stehn erwartend –
einer hält des Kaisers Knie umfangen
mit den wundgeriebnen Armen,
dran zerrißner Fesseln Enden hangen.

„Schalk! Was zerrst du mir den Purpur?
Harr und bete! Kennst du mich als Kargen?"
Doch der Bettler hält den Mantel
fest und jammert: „Kennst du mich, den Argen?

Du Gesalbter und Erlauchter!
Kennst du mich?... Du hast mit mir gelegen,
mit dem Siechen, mit dem Wunden,
unter eines Mutterherzens Schlägen.

Aus demselben Wollentuche
schnitt man uns die Kappen und die Kleider!
Aus demselben Psalmenbuche
sang das frische Jugendantlitz beider.

Heinz, wo bist du? Heinz, wo bleibst du?
Hast zum Spiele du mich oft gerufen
durch die Säle, durch die Gänge,
auf und ab der Wendeltreppe Stufen ...

Wehe mir! Da du dich kröntest,
hat des Neides Natter mich gebissen!
Mit dem Lügengeist im Bunde
hab ich dieses deutsche Reich zerrissen!

Als den ungetreuen Bruder
und Verräter hast du mich erfunden!
Du ergrimmtest und du warfest
in die Kerkertiefe mich gebunden ...

In der Tiefe meines Kerkers
hab ich ohne Mantel heut gefroren ...
Eia Weihnacht! Eia Weihnacht!
Heute wird der Welt das Heil geboren!“

„Eia Weihnacht! Eia Weihnacht!“
Hundert Bettler strecken jetzt die Hände:
„Gib uns Mäntel! Gib uns Röcke!
Sei barmherzig! Gib uns deine Spende!“

Eine Spange löst der Kaiser
sacht. Sein Purpur gleitet, gleitet, gleitet
über seinen sünd'gen Bruder,
und der erste Bettler steht bekleidet ...

Eia Weihnacht! Eia Weihnacht!
Jubelt Erd und Himmelreich mit Schallen.
Glorie! Glorie! Friede! Freude!
Und am Menschenkind ein Wohlgefallen!
Conrad Ferdinand Meyer

Weihnachten

Noch einmal ein Weihnachtsfest,
immer kleiner wird der Rest,
aber nehm ich so die Summe,
alles Grade, alles Krumme,
alles Falsche, alles Rechte,
alles Gute, alles Schlechte –
rechnet sich aus all dem Braus
doch ein richtig Leben heraus.
Und dies können ist das Beste
wohl bei diesem Weihnachtsfeste.
Theodor Fontane

Die Weihnachtsfeier des Seemanns Kuttel Daddeldu

Die Springburn hat festgemacht
am Petersenkai.
Kuttel Daddeldu jumpte an Land,
durch den Freihafen und die stille heilige Nacht
und an dem Zollwärter vorbei.
Er schwenkte einen Bananensack in der Hand.
Damit wollte er dem Zollmann den Schädel spalten.
Wenn er es wagte, ihn anzuhalten.

Da flohen die zwei voreinander mit drohenden Reden.
Aber auf einmal trafen sich wieder beide im König von Schweden.

Daddeldus Braut liebte die Männer vom Meere,
denn sie stammte aus Bayern.
Und jetzt war sie bei einer Abortfrau in der Lehre,
und bei ihr wollte Kuttel Daddeldu Weihnachten feiern.
Im König von Schweden war Kuttel bekannt als Krakeeler.
Deswegen begrüßte der Wirt ihn freundlich: „Hallo old sailer!"
Daddeldu liebte solch freie, herzhafte Reden,
deswegen beschenkte er gleich den König von Schweden.

Er schenkte ihm Feigen und sechs Stück Kolibri
und sagte: „Da nimm, du Affe!"
Daddeldu sagte nie „Sie".
Er hatte auch Wanzen und eine Masse
chinesische Tassen für seine Braut mitgebracht.

Aber nun sangen die Gäste „Stille Nacht, Heilige Nacht",
und da schenkte er jedem Gast eine Tasse
und behielt für die Braut nur noch drei.
Aber als er sich später mal darauf setzte,
gingen auch diese versehentlich noch entzwei,
ohne daß sich Daddeldu selber verletzte.

Und ein Mädchen nannte ihn Trunkenbold
und schrie: er habe sie an die Beine geneckt.
Aber Daddeldu zahlte alles in englischen Pfund in Gold.
Und das Mädchen steckte ihm Christbaumkonfekt
still in die Taschen und lächelte hold
und goß noch Genever zu dem Gilka mit Rum in den Sekt.

Daddeldu dachte an die wartende Braut.
Aber es hatte nicht sein gesollt,
denn nun sangen sie wieder so schön und so laut.
Und Daddeldu hatte die Wanzen noch nicht verzollt,
deshalb zahlte er alles in englischen Pfund in Gold.

Und das war alles wie Traum.
Plötzlich brannte der Weihnachtsbaum.
Plötzlich brannte das Sofa und die Tapete,
kam eine Marmorplatte geschwirrt,
rannte der große Spiegel gegen den kleinen Wirt.
Und die See ging hoch und der Wind wehte.

Daddeldu wankte mit einer blutigen Nase
(nicht mit seiner eigenen) hinaus auf die Straße.
Und eine höhnische Stimme hinter ihm schrie:
„Sie Daddel Sie!"
Und links und rechts schwirrten die Kolibri.

Die Weihnachtskerzen im Pavillon an der Mattentwiete erloschen.
Die alte Abortfrau begab sich zur Ruh.
Draußen stand Daddeldu
und suchte für alle Fälle nach einem Groschen.

Da trat aus der Tür seine Braut
und weinte laut:
warum er so spät aus Honolulu käme?
Ob er sich gar nicht mehr schäme?
Und klappte die Tür wieder zu.
An der Tür stand: „Für Damen."
Es dämmerte langsam. Die ersten Kunden kamen,
und stolperten über den schlafenden Daddeldu.

Joachim Ringelnatz

Weihnachten
(bei einer Zurücksetzung im Dienste)

Am heilgen Christtagabend
den Kindern man beschert,
da ist denn eitel Freude
an Wägelchen und Pferd.

Am heilgen Christtagabend,
obgleich ich längst kein Kind,
hat man mir auch bescheret,
gut, wie die Menschen sind.

Man gab mir einen Kummer,
man gab mir eine Qual,
die tief am Leben naget,
das längst schon geht zu Tal.

Man gab mir die Gewißheit,
mein Streben sei verkannt,
und ich ein armer Fremdling
in meinem Vaterland,

man hat beim nahnden Winter
genommen mir das Nest
und hieß mich weiter wandern
für meines Lebens Rest.

Doch ists der Lauf der Zeiten,
ein Trost nur stellt sich dar:
Bin ich auch nichts geworden,
ich blieb doch der ich war.

Franz Grillparzer

Vor Weihnachten 1914

1

Da kommst du nun, du altes zahmes Fest,
und willst, an mein einstiges Herz gepreßt,
getröstet sein. Ich soll dir sagen: du
bist immer noch die Seligkeit von einst
und ich bin wieder dunkles Kind und tu
die stillen Augen auf, in die du scheinst.
Gewiß, gewiß. Doch damals, da ichs war,
und du mich schön erschrecktest, wenn die Türen
aufsprangen – und dein wunderbar
nicht länger zu verhaltendes Verführen
sich stürzte über mich wie die Gefahr
reißender Freuden: damals selbst, empfand
ich damals *dich*? Um jeden Gegenstand,
nach dem ich griff, war Schein von deinem Scheine,
doch plötzlich ward aus ihm und meiner Hand,
ein neues Ding, das bange, fast gemeine
Ding, das besitzen heißt. Und ich erschrak.
O wie doch alles, eh ich es berührte,
so rein und leicht in meinem Anschaun lag.
Und wenn es auch zum Eigentum verführte,
noch war es keins. Noch haftete ihm nicht
mein Handeln an; mein Mißverstehn; mein Wollen
es solle etwas sein, was es nicht *war*.
Noch war es klar
und klärte mein Gesicht.
Noch fiel es nicht, noch kam es nicht ins Rollen,
noch war es nicht das Ding, das widerspricht.
Da stand ich zögernd vor dem wundervollen
Un-Eigentum ...

2

(... Oh, daß ich nun vor dir
so stünde, Welt, so stünde, ohne Ende
anschauender. Und heb ich je die Hände,
so lege nichts hinein; denn ich verlier.

Doch laß durch mich wie durch die Luft den Flug
der Vögel gehen. Laß mich, wie aus Schatten
und Wind gemischt, dem schwebenden Bezug
kühl fühlbar sein. Die Dinge, die wir hatten,
(oh sieh sie an, wie sie uns nachschaun) nie
erholen sie sich ganz. Nie nimmt sie wieder
der reine Raum. Die Schwere unsrer Glieder,
was an uns Abschied ist, kommt über sie.)

Rainer Maria Rilke

Das Weihnachtsbäumlein

Es war einmal ein Tännelein
mit braunen Kuchenherzelein
und Glitzergold und Äpfeln fein
und vielen bunten Kerzelein;
das war am Weihnachtsfest so grün,
als fing es eben an zu blühn.

Doch nach nicht gar zu langer Zeit,
da stands im Garten unten,
und seine ganze Herrlichkeit
war, ach, dahingeschwunden.
Die grünen Nadeln war'n verdorrt,
die Herzlein und die Kerzlein fort.

Bis eines Tags der Gärtner kam,
den fror zu Haus im Dunkeln,
und es in seinen Ofen nahm –
Hei! Tats da sprühn und funkeln!
Und flammte jubelnd himmelwärts
in hundert Flämmlein an Gottes Herz.

Christian Morgenstern

☆☆☆

Der Weihnachtsbaum

Steht er da, der Weihnachtsbaum,
wie ein bunter, goldner Traum,
spiegelt Unschuldkinderglück,
all sein Paradies zurück.

Und wir schaun und denken dann,
wie uns heut das Heil begann,
wie das Kindlein Jesus Christ
heut zur Welt geboren ist;

wie das Kind von Himmelsart
lag auf Stroh und Halmen hart,
wie der Menschheit Hort und Trost
Erdenelend hat erlost.

Also stehn und schauen wir
Gottes Lust und Gnade hier:
Was uns in dem Kindlein zart
alles heut geboren ward.

Blüh denn, leuchte, goldner Baum,
Erdentraum und Himmelstraum,
blüh und leucht in Ewigkeit
durch die arme Zeitlichkeit!

Sei uns Bild und sei uns Schein,
daß wir sollen fröhlich sein,
fröhlich durch den süßen Christ,
der des Lebens Leuchte ist.

Sei uns Bild und sei uns Schein,
daß wir sollen tapfer sein
auf des Lebens Pilgerbahn,
kämpfend gegen Lug und Wahn.

Sei uns Bild und sei uns Schein,
daß wir sollen heilig sein,
rein wie Licht und himmelklar,
wie das Kindlein Jesus war.

Ernst Moritz Arndt

Die Flucht der Heiligen Familie

Länger fallen schon die Schatten,
durch die kühle Abendluft,
waldwärts über stille Matten
schreitet Joseph von der Kluft,

führt den Esel treu am Zügel;
linde Lüfte fächeln kaum,
's sind der Engel leise Flügel,
die das Kindlein sieht im Traum.

Und Maria schauet nieder
auf das Kind voll Lust und Leid,
singt im Herzen Wiegenlieder
in der stillen Einsamkeit.

Die Johanniswürmchen kreisen
emsig leuchtend über'n Weg,
wollen der Mutter Gottes weisen
durch die Wildnis jeden Steg.

Und durchs Gras geht süßes Schaudern,
streift es ihres Mantels Saum;
Bächlein auch läßt jetzt sein Plaudern,
und die Wälder flüstern kaum,

daß sie nicht die Flucht verraten.
Und das Kindlein hob die Hand,
da sie ihm so Liebes taten,
segnete das stille Land,

daß die Erd' mit Blumen, Bäumen
fernerhin in Ewigkeit
nächtlich muß vom Himmel träumen –
O gebenedeite Zeit.

Joseph von Eichendorff

★★★

Neujahr

Zum neuen Jahr

Wie heimlicherweise
ein Engelein leise
mit rosigen Füßen
die Erde betritt,
so nahte der Morgen.
Jauchzt ihm, ihr Frommen,
ein heilig Willkommen,
ein heilig Willkommen,
Herz, jauchze du mit!

In ihm sei's begonnen,
der Monde und Sonnen
an blauen Gezelten
des Himmels bewegt!
Du, Vater, du rate!
Lenke du und wende!
Herr, dir in die Hände
sei Anfang und Ende,
sei alles gelegt!

Eduard Mörike

★★★

Des alten lahmen Invaliden Görgel sein Neujahrswunsch

Sie haben mich dazu beschieden,
so bring ich's denn auch dar;
im Namen aller Invaliden
wünsch ich ein fröhlich Jahr

zuerst dem lieben Bauernstande;
ich bin von Bauern her,
und weiß, wie nötig auf dem Lande
ein fröhlich Neujahr wär.

Gehn viele da gebückt, und welken
in Elend und in Müh,
und andre zerren dran und melken;
wie an dem lieben Vieh.

Und ist doch nicht zu defendieren,
und gar ein böser Brauch;
die Bauern gehn ja nicht auf vieren,
es sind doch Menschen auch;

und sind zum Teil recht gute Seelen.
Wenn nun ein solches Blut
zu Gott seufzt, daß sie ihn so quälen;
das ist fürwahr nicht gut.

Ein fröhlich fröhlich Jahr den Fürsten,
die nach Gerechtigkeit,
nach Menschlichkeit und Wohltun dürsten:
Der Fürsten Ehrenkleid!

Sie sind in diesem Ehrenkleide
wie Gottes Engel schön!
Und haben selbst die meiste Freude;
sonst muß ich's nicht verstehn.

Ein fröhlich Jahr und Wohlbehagen
dem Fürsten unserm Herrn!
Der auch in unsern alten Tagen
noch denket an uns gern;

der als ein Vater an uns denket
auf seinem Fürstenthron,
und uns des Lebens Pflege schenket!
Dank ihm und Gotteslohn!

Und seinen Untertanen allen,
wir sind ja Brüder gar,
uns lieben Brüdern Wohlgefallen
und ein recht gutes Jahr!

„Und allen edlen Menschen Friede
und Freud auf ihrer Bahn!
Ich segne sie in meinem Liede,
so viel ich segnen kann;

und fühl in diesem Augenblicke
den lahmen Schenkel nicht,
und steh und schwinge meine Krücke,
und glühe im Gesicht."

Matthias Claudius

★★★

Am letzten Tage des Jahres

Das Jahr geht um,
der Faden rollt sich sausend ab.
Ein Stündchen noch, das letzte heut,
und stäubend rieselt in sein Grab,
was einstens war lebend'ge Zeit.
Ich harre stumm.

's ist tiefe Nacht!
Ob wohl ein Auge offen noch?
In diesen Mauern rüttelt dein
Verinnen, Zeit! Mir schaudert doch.
Es will die letzte Stunde sein
einsam durchwacht.

Geschehen all,
was ich begangen und gedacht;
was mir aus Haupt und Herzen stieg,
das steht nun eine ernste Wacht
am Himmelstor. O halber Sieg!
O schwerer Fall!

Wie reißt der Wind
am Fensterkreuze! Ja, es will
auf Sturmesfittigen das Jahr
zerstäuben, nicht ein Schatten still
verhauchen unterm Sternenklar.
Du Sündenkind!

War nicht ein hohl
und heimlich Sausen jeder Tag
in deiner wüsten Brust Verließ,

wo langsam Stein an Stein zerbrach,
wenn es den kalten Odem stieß
vom starren Pol?

Mein Lämpchen will
verlöschen, und begierig saugt
der Docht den letzten Tropfen Öl.
Ist so mein Leben auch verraucht?
Eröffnet sich des Grabes Höhl'
mir schwarz und still?

Wohl in dem Kreis,
den dieses Jahres Lauf umzieht,
mein Leben bricht. Ich wußt' es lang,
und dennoch hat dies Herz geglüht
in eitler Leidenschaften Drang.
Mir bricht der Schweiß

der tiefsten Angst
auf Stirn und Hand. Wie! Dämmert feucht
ein Stern dort durch die Wolken nicht?
Wär' es der Liebe Stern vielleicht,
dir zürnend mit dem trüben Licht,
daß du so bangst?

Horch, welch' Gesumm!
Und wieder? Sterbemelodie!
Die Glocke regt den ehrnen Mund.
O Herr, ich falle auf das Knie:
Sei gnädig meiner letzten Stund'!
Das Jahr ist um!

Annette von Droste-Hülshoff

Heilige Drei Könige

Die Könige

Drei Könige wandern aus Morgenland,
ein Sternlein führt sie zum Jordanstrand,
in Juda fragen und forschen die drei,
wo der neugeborene König sei.
Sie wollen Weihrauch, Myrrhen und Gold
zum Opfer weihen dem Kindlein hold.

Und hell erglänzt des Sternes Schein,
zum Stalle gehen die Könige ein,
das Knäblein schauen sie wonniglich,
anbetend neigen die Könige sich,
sie bringen Weihrauch, Myrrhen und Gold
zum Opfer dar dem Knäblein hold.

O Menschenkind, halte treulich Schritt,
die Kön'ge wandern, o wand're mit!
Der Stern des Friedens, der Gnade Stern
erhelle dein Ziel, wenn du suchest den Herrn;
und fehlen dir Weihrauch, Myrrhen und Gold,
schenke dein Herz dem Knäblein hold!

Peter Cornelius

★★★

Die heiligen drei Könige (Legende)

Einst, als am Saum der Wüsten sich
auftat die Hand des Herrn
wie eine Frucht, die sommerlich
verkündet ihren Kern,
da war ein Wunder: Fern
erkannten und begrüßten sich
drei Könige und ein Stern.
Drei Könige von unterwegs
und der Stern Überall,
die zogen alle (überleg's!)
zu einem stillen Stall.
Was brachten die nicht alles mit
zum Stall von Bethlehem!
Weithin erklirrte jeder Schritt,
und der auf einem Rappen ritt,
saß samten und bequem;
und der zu seiner Rechten ging,
der war ein goldner Mann;
und der zu seiner Linken fing
mit Schwung und Schwing
und Klang und Kling
aus einem runden Silberding,
das wiegend und in Ringen hing,
ganz blau zu rauchen an.
Da lachte der Stern Überall
so seltsam über sie
und lief voraus und stand am Stall
und sagte zu Marie:
Da bring ich eine Wanderschaft
aus vieler Fremde her.

Drei Könige mit Magenkraft,
von Gold und Topas schwer
und dunkel, tumb und heidenhaft,
erschrick mir nicht zu sehr.
Sie haben alle drei zu Haus
zwölf Töchter, keinen Sohn,
so bitten sie sich deinen aus
als Sonne ihres Himmelblaus
und Trost für ihren Thron.
Doch mußt du nicht gleich glauben: Bloß
ein Funkelfürst und Heidenscheich
sei deines Sohnes Los.
Bedenk, der Weg ist groß.
Sie wandern lange, Hirten gleich,
inzwischen fällt ihr reifes Reich
weiß Gott wem in den Schoß.
Und während hier, wie Westwind warm,
der Ochs ihr Ohr umschnaubt,
sind sie vielleicht schon alle arm
und so wie ohne Haupt.
Drum mach mit deinem Lächeln licht
die Wirrnis, die sie sind,
und wende du dein Angesicht
nach Aufgang und dein Kind;
dort liegt in blauen Linien,
was jeder dir verließ:
Smaragda und Rubinien
und die Tale von Türkis.

Rainer Maria Rilke

★★★

Dreikönigslied

Wir kommen daher ohn allen Spott,
einen schönen guten Abend geb euch Gott.
Einen schönen guten Abend, eine fröhliche Zeit,
die uns der Herr Christus hat bereit.

Wir kommen hierher, von Gott gesandt,
mit diesem Stern aus Morgenland.
Wir zogen daher in schneller Eil,
in dreißig Tagen vierhundert Meil.

Wir kamen von Herodes Haus,
Herodes schaut zum Fenster heraus:
Ihr lieben drei Weisen, wo wollt ihr hin?
Nach Bethlehem steht unser Sinn.

Nach Bethlehem in Davids Stadt,
allwo der Herr geboren ward.
Ihr lieben Weisen, bleibt heute bei mir,
ich will euch geben gut Quartier.

Ich will euch geben Heu und Streu
und will euch halten in Zehrung frei.
Ach, falscher Herodes, das kann nicht geschehn,
wir müssen den Tag noch weitergehn.

Wir zogen miteinander den Berg hinaus,
wir sahen, der Stern stand über dem Haus.
Wir zogen miteinander das Tal hinein,
und fanden das Kind im Krippelein.

Wir fanden das Kind, war nackend und bloß.
Maria nahms auf ihren Schoß.
Und Joseph zog sein Hemdlein aus,
gabs Maria, die macht Windeln draus.

Wir taten unsere Schätze auf
und schenkten dem Kind Gold und Weihrauch.
Gold, Weihrauch und Myrrhen fein:
Das Kind soll unser König sein!

aus dem 16. Jahrhundert

Zum Auswendiglernen für Kinder

★★★☆☆☆★★★☆☆☆★★★☆☆☆★★★☆☆☆★★★☆☆☆★★★☆☆☆★★★

Epiphaniasfest

Die heiligen drei Kön'ge mit ihrem Stern,
sie essen, sie trinken und bezahlen nicht gern;
sie essen gern, sie trinken gern,
sie essen, sie trinken und bezahlen nicht gern.

Die heiligen drei Kön'ge, sie kommen allhier,
es sind ihrer drei und nicht ihrer vier,
und wenn zu drein der vierte wär,
so wär ein heiliger drei König mehr.

Ich erster bin der weiß und auch der schön,
bei Tage solltet ihr mich erst sehn!
Doch ach, mit allen Spezerein
werd ich mein Tag kein Mädchen mehr erfreun.

Ich aber bin der braun und der lang,
bekannt bei Weibern wohl und bei Gesang;
ich bringe Gold statt Spezerein,
da werd ich überall willkommen sein.

Ich endlich bin der schwarz und bin der klein
und mag auch wohl einmal recht lustig sein.
Ich esse gern, ich trinke gern,
ich esse, trinke und bedanke mich gern.

Die heiligen drei König sind wohlgesinnt,
sie suchen die Mutter und das Kind;
der Joseph fromm sitzt auch dabei,
der Ochs und Esel liegen auf der Streu.

Wir bringen Myrrhen, wir bringen Gold,
dem Weihrauch sind die Damen hold,
und haben wir Wein von gutem Gewächs,
so trinken wir drei so gut wie ihrer sechs.

Da wir hier nun schöne Herrn und Fraun,
aber keine Ochs und Esel schaun,
so sind wir nicht am rechten Ort
und ziehen unseres Weges weiter fort.

Johann Wolfgang von Goethe

Der Stern

Hätt' einer auch fast mehr Verstand
als wie die drei Weisen aus Morgenland
und ließe sich dünken, er wäre wohl nie
dem Sternlein nachgereist, wie sie;
dennoch, wenn nun das Weihnachtsfest
seine Lichtlein wonniglich scheinen läßt,
fällt auch auf sein verständig Gesicht,
er mag es merken oder nicht,
ein freundlicher Strahl
des Wundersternes von dazumal.

Wilhelm Busch

Zum Auswendiglernen für Kinder

★★★☆☆☆★★★☆☆☆★★★☆☆☆★★★☆☆☆★★★☆☆☆★★★☆☆☆★★★☆☆☆★★★

Das Lied der Sternsinger

Wir sind die heil'gen König mit Krone und mit Stern,
wir essen Nüss' und Äpfel und Butterplätzchen gern.
Wir kommen fern vom Osten,
vom Morgenlande her,
ach, gebt uns was zu kosten,
wir bitten ja so sehr.

Volksgut

★★★☆☆☆★★★☆☆☆★★★☆☆☆★★★☆☆☆★★★☆☆☆★★★☆☆☆★★★☆☆☆★★★

Eine Auswahl aus dem Verlagsprogramm

RAT UND WISSEN

Bewerbung

Bewerbungsstrategien
1027-3, von Dr. W. Reichel, 128 S., kart.
DM 14,90

Initiativbewerbungen
2107-0, von Dr. W. Reichel, 128 S., kart.
DM 16,90

Legale Bewerbungstricks
60325-2, von V. S. Rottmann, 96 S., kart.
DM 12,90

Lebenslauf und Bewerbung
60007-5, von H. Friedrich, 112 S., kart.
DM 12,90

Bewerbung um einen Ausbildungsplatz
1936-X, von P.-J. Schneider, M. Zindel, 112 S., kart.
DM 16,90

Bewerbungserfolg trotz schwacher Zeugnisse
60157-8, von A. Schieberle, 136 S., kart.
DM 14,90

Testtrainer Einstellungstests
4999-4, von Dr. W. Reichel, 136 S., geb.
DM 15,–
(limitierter Sonderpreis)

Vorstellungsgespräche
60012-1, von H. Friedrich, 144 S., kart.
DM 11,90

Arbeitszeugnisse
1444-9, von A. Nasemann, 136 S., kart.
DM 16,90

Rechtsratgeber für Arbeitnehmer
60258-2, von U. Teschke-Bährle, 160 S., kart.
DM 16,90

Beruf/Karriere

Selbstständigkeit und freie Mitarbeit
1891-6, von T. Hammer, Dr. W. Kiefl, 144 S., kart.
DM 19,90

Erfolgreiche Existenzgründung
60285-X, von N. Rentrop, 192 S., kart.
DM 19,90

FALKEN Reihe: FALKEN & PITMAN MANAGEMENT
Ausstattung: zwischen 184 S. und 248 S., Broschur
Preis: **DM 39,90**
4972-2 Die ersten 100 Tage als Chef
4973-0 Erfolgreiches Zeitmanagement
4976-5 Richtig delegieren
4971-4 Erfolgreiche Verhandlungstaktiken
4975-7 Die perfekte Präsentation

4974-9 Meetings erfolgreich steuern
7331-3 Marketing – eine Einführung
7329-1 Erfolgreich im Management
7330-5 Basiswissen für Führungskräfte
7328-3 Mitarbeitermotivation durch Empowerment
7362-3 Das souveräne Verhandlungsgespräch
7361-5 Erfolgsgeheimnis Teambildung

Lernhilfen/Schule

Erfolgreich im Beruf mit NLP
60288-4, von K. Grochowiak, S. Haag, 104 S., kart.
DM 12,90

Handbuch Mathematik
4964-1, von W. Scholl, R. Drews, 848 S., geb.
DM 69,90

Englische Grammatik
7341-0, von E. Henrichs-Kleinen, 288 S., geb.
DM 39,90

Gedächtnistraining mit Eselsbrücken
60060-1, von W. Ettig, 96 S., kart.
DM 12,90

Buchführung leicht gefaßt
60091-1, von H. R. Pohl, 104 S., kart.
DM 12,90

Schreiben lernen mit Schreibmaschine und PC
60055-5, von O. Fonfara, 112 S., kart.
DM 9,90

Kostenrechnung leicht gemacht
4826-2, von D. Machenheimer, 240 S., geb.
DM 39,90

FALKEN Reihe: Schülerhilfe
Ausstattung: zwischen 64 S. und 172 S., kartoniert
Preis: zwischen **DM 14,90** und **DM 29,90**
1834-7 Die neue deutsche Rechtschreibung
1890-9 Deutsche Grammatik
1783-9 Aufsatz
1623-9 Bruchrechnen
1569-0 Geometrie

1709-X Prozent- und Zinsrechnung
1570-4 Gleichungen und Ungleichungen

Stand der Preise 01.03.1998 · Änderungen vorbehalten / *unverbindliche Preisempfehlung

1888-6 Wurzeln und Potenzen
1624-7 English Pronouns
1574-7 English Tenses
1784-7 If-Clauses & Co.

Recht/Wirtschaft/ Steuern

Was kostet mein Recht?
60234-5, von J. Mosler, 104 S., kart.
DM 12,90

Recht für Mieter
1932-7, von M. Gaida, 304 S., kart.
DM 29,90

Der FALKEN Bauherren-Ratgeber
4888-2, von W. Jung, B. W. Klöckner, 352 S., kart.
DM 39,90

Ihr Recht als Vermieter
60243-4, von R. Richter, P. J. Schneider, A. Pollert, 208 S., kart.
DM 16,90

Eheverträge
60037-7, von T. Münster, 226 S., kart.
DM 19,90

Erziehungsgeld, Mutterschutz, Erziehungsurlaub
60014-8, von J. Grönert, 192 S., kart.
DM 19,90

Scheidung und Unterhalt
60015-6, von T. Drewes, 220 S., kart.
DM 19,90

Gesetzliche und private Altersvorsorge
1847-9, von D. Rehahn, H. A. Reichel, W. Schöttler, 192 S., kart.
DM 24,90

Wie hoch wird meine Rente?
60209-9, von K. Möcks, A. Schmitt, 160 S., kart.
DM 16,90

Erbschaftsteuer aktuell
60324-4, von W. Ludwig, 128 S., kart.
DM 14,90

Testament und Erbschaft
2111-9, von T. Drewes, R. Hollender, 296 S., englische Broschur
DM 29,90

Vermögensbildung mit Immobilien
1712-X, von W. Schwanfelder, 144 S., kart.
DM 24,90

Erfolg mit Aktien
1663-8, von A.-S. Rühle, 128 S., kart.
DM 16,90

Keine Angst vor dem Finanzamt
60064-4, von H. Vogt, 132 S., kart.
DM 16,90

Korrespondenz und Rhetorik

Der neue Briefsteller
60002-6, von I. Wolter-Rosendorf, 130 S., kart.
DM 12,90

Briefe und Reden für den Trauerfall
1789-8, von U. Wetter, 112 S., kart.
DM 16,90

Modernes Redetraining
1575-5, von Prof. Dr. R. Brehler, 120 S., kart.
DM 19,90

Körpersprache
60096-2, von H. Rückle, 96 S., kart.
DM 12,90

Reden für Familienfeiern
60281-7, von G. Kurz, 112 S., kart.
DM 12,90

Lebensstil und Umgangsformen

Kreative Wohnideen
4889-0, von T. Eichhorn, 128 S., geb.
DM 39,90

Farbberatung für die Wohnung
4743-6, von G. Watermann, 128 S., geb.
DM 49,90

300 neue Frisuren
7359-3, von S. Ehlers, 128 S., geb.
DM 29,90

Krawatten
7319-4, von F. Chaille, 180 S., geb., mit Schutzumschlag
DM 89,90

Tücher und Schals perfekt binden
1898-3, von E. Weber-Lorkowski, 48 S., kart.
DM 14,90

Umgangsformen heute
4876-9, von H.-G. Schnitzer, 256 S., geb.
DM 29,90

Der gute Ton im Privatleben
60097-0, von R. Bartels, 104 S., kart.
DM 12,90

Feste feiern

Das große FALKEN-Buch zur Märchenhochzeit
7360-7, von A. Körner, C. Ziegler, ca. 224 S., geb.
ersch. Juni 1998
ca. DM 49,90

Hochzeitsfeste mitgestalten
1790-1, von A. Wilke, B. Haß 104 S., kart.
DM 19,90

Tischdekorationen für die Hochzeit
1825-8, von H. Grob, A. Henseler u.a., 64 S., kart.
DM 19,90

Blumenschmuck für das Brautpaar
4881-5, von H. Grob, A. Henseler u.a., 80 S., geb.
DM 29,90

Neue Hochzeitsreden
60158-6, von S. Harland 112 S., kart.
DM 12,90

Feste feiern
4825-4, von C. Kast, 128 S., geb.
DM 39,90

Die neue Glückwunschfibel
60031-8, von R. Christian-Hildebrandt, 106 S., kart.
DM 9,90

Astrologie/Esoterik

Kinderhoroskop
60242-6, von W. Noé, 152 S., kart.
DM 14,90

ISBN-Bestandteil: 3-8068- / bei Buchnummern, die mit der Ziffer 6 beginnen, lautet der ISBN-Bestandteil: 3-635-

Liebes-Horoskop
60297-3, von W. Noé,
128 S., kart.
DM 12,90

Chinesisches Horoskop
60006-7, von G. Hadden-
bach, 86 S., kart.
DM 9,90

Das Indianische Horoskop
60294-9, von W. Noé,
128 S., kart.
DM 14,90

Wahrsagetechniken
60373-2, von G. Hadden-
bach, 144 S., kart.
DM 14,90

I Ging
60253-1, von R. Sorrell,
A. M. Sorrell,
224 S., kart.
DM 19,90

Reiki
60247-7, von B. Glaser,
U. Vogt, 128 S., kart.
DM 14,90

Traumdeutung
60045-8, von G. Hadden-
bach, 172 S., kart.
DM 12,90

UFOs über Deutschland
60319-8, von M. Hesemann
208 S., kart.
DM 19,90

Geheimlehren
60236-1, von N. Drury,
G. Tillet, 144 S., kart.
DM 16,90

Schutzengel
60333-3, von T. Keller,
D. Taylor, 144 S., kart.
DM 16,90

Auto/Führerschein

Der neue Verwarn- und Bußgeldkatalog
60292-2, von F. Littek,
126 S., kart.
DM 12,90

Der Test-Knacker bei Führerscheinverlust
2113-5, von T. Rieh,
128 S., kart.
DM 19,90

Prüfungsfragen und Prüfungsbogen für den Führerschein Kl. 3
1490-2, 104 S., kart.
DM 19,90

Trennkost

Trennkost für 1 Person
4851-3, von U. Summ,
112 S., geb.
DM 29,90

Trennkost leichtgemacht für Berufstätige
4890-4, von U. Summ,
128 S., geb.
DM 29,90

Das große Buch der Trennkost
4498-4, von U. Summ,
128 S., geb.
DM 29,90

Das Beste aus Ursula Summs Trennkost-Küche
4985-4, von U. Summ,
160 S., geb.
DM 29,90

Trennkost aus ärztlicher Sicht
60259-0, von Dr. med.
T.-M. Heintze, 84 S., kart.
DM 12,90

Erfolgreich schlank durch die Trennkost-6-Wochen-Kur
1968-8, von U. Summ,
104 S., kart.
DM 19,90

Die aktuelle Trennkost-Tabelle
1871-1, von U. Summ,
80 S., Flexcover
DM 14,90

Länderküche

Provence
7365-8, von U. Skadow,
S. Dickhaut, 224 S., geb.,
mit Schutzumschlag
DM 49,90

Italienische Küche
4830-0, von M. Kaltenbach,
R. Simeone, 224 S., geb.,
mit Schutzumschlag
DM 49,90

Chinesische Küche
7304-6, von H. Fu-Lung,
224 S., geb.,
mit Schutzumschlag
DM 49,90

Thailand
4945-5, von B. Aepli,
128 S., geb.,
mit Schutzumschlag
DM 34,90

Indien
7370-4, von S. Dhawan,
128 S., geb.,
mit Schutzumschlag
DM 39,90

Englische Landhausküche
4981-1, von D. Watkins,
J. J. Watkins, 128 S., geb.,
mit Schutzumschlag
DM 39,90

Amerikanische Küche
7308-9, von C. Stevenson Jr.,
P. Niebergall, 128 S., geb.,
mit Schutzumschlag
DM 39,90

Kochen

Unsere Kochschule
4959-5, von M. Kaltenbach,
F. W. Ehlert, 306 S., geb.
DM 25,–
(limitierter Sonderpreis)

FALKEN Reihe: Rezepte! Rezepte!! Rezepte!!!
Ausstattung: 96 S., kart.
Preis: **DM 16,90**
1937-8 Krabben, Garnelen & Co.
1994-7 Chili, Peperoni & Co.
1944-0 Pastinaken, Kürbis & Co.

1941-6 Pizza, Quiche und Tarte
1939-4 Feta, Mozzarella & Co.
1940-8 American Cookies

FALKEN Reihe: ErlebnisKüche
Ausstattung: 128 S., geb.,
mit Schutzumschlag
Preis: **DM 34,90**
4944-7 Nudeln
4946-3 Raclette und heißer Stein
7315-1 Fondues
4984-6 Aufläufe und Gratins
4982-X Salate

Johann Lafer kocht – Neue Rezepte
7306-2, von Johann Lafer, 160 S., geb.
DM 39,90

Iß und trink und liebe
7303-8, von K. Ottenbach, 72 S., geb., mit Schutzumschlag
DM 49,90

Preiswert kochen
60025-3, von E. Fuhrmann, 136 S., kart.
DM 12,90

Vegetarische Gerichte aus aller Welt
4977-3, von A. Ilies, 224 S., geb., mit Schutzumschlag
DM 49,90

Rezepte mit Joghurt, Kefir & Co.
60068-7, von G. Volz, 104 S., kart.
DM 12,90

Vollwertküche für Genießer
4815-7, von Prof. Dr. C. Leitzmann, H. Million, 256 S., geb.
DM 39,90

Das essen Kinder gern
4978-1, von A. Brenner, 128 S., geb.
DM 29,90

Gerichte für Diabetiker
60033-4, von M. Oehlrich, 108 S., kart.
DM 12,90

Cholesterinarm kochen und genießen
4442-9, von R. Unsorg, 168 S., geb.
DM 49,90

Fettarm kochen – Abnehmen mit Genuß
4866-1, von G. Hölz, H. Million, 128 S., geb.
DM 39,90

Getränke

FALKEN Mixbuch
4733-9, Hrsg.: P. Bohrmann, 560 S., geb.
DM 39,90

Weinlexikon
4942-0, von Dr. H. Ambrosi, 384 S., geb.
DM 39,90

Meine Lieblingsweine
7364-X, von M. Broadbent, 224 S., geb., mit Schutzumschlag
DM 89,-

Wein richtig genießen lernen
4809-2, von H. Ambrosi, I. Swoboda, 128 S., geb.
DM 29,90

Mein Hobby Wein
7309-7, von R. Kriesi, 128 S., geb.
DM 34,90

Was Weinfreunde wissen wollen
7342-9, von Prof. Dr. K. Röder u.a., 192 S., geb.
DM 29,90

ElternRatgeber

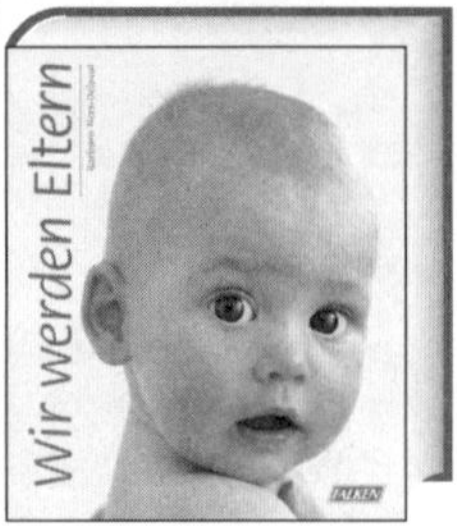

Wir werden Eltern
7353-4, von B. Nees-Delaval, 416 S., geb.
DM 39,90

Die schönsten Vornamen
4755-X, von Dr. D. Voorgang, 200 S., geb.
DM 19,90

Die Kunst des Stillens
60084-9, von Prof. Dr. med. E. Schmidt, S. Brunn, 110 S., kart.
DM 12,90

Das erste Jahr mit dem Baby
4884-X, von Dr. med. M. Weber, 144 S., geb.
DM 39,90

Wenn Kinder krank werden
7316-X, von B. Nees-Delaval, 240 S., geb.
DM 39,90

Mein Kind ist krank, so hilft die Natur
4761-4, von Dr. med. H. Wachtl, 160 S., geb.
DM 39,90

Menschen und Gesundheit

Heilpflanzen
4954-4, von A. Eckart, Dr. G. Eckert, 176 S., geb.
DM 39,90

Blütentherapie nach Dr. Bach
60019-9, von I. Wenzel, 96 S., kart.
DM 9,90

Traditionelle Chinesische Medizin
60312-0, von Dr. med. C. Kunkel, 118 S., kart.
DM 14,90

Chinesische Fünf-Elemente-Ernährung
68005-2, von Dr. med. C. Kunkel, 144 S., kart.
DM 29,90

Allergien
60057-1, von G. Leibold, 100 S., kart.
DM 12,90

Neurodermitis
1649-2, von Prof. Dr. med. phil. S. Borelli, Prof. Dr. med. J. Rakoski, 136 S., kart.
DM 24,90

Schuppenflechte
1467-8, von Prof. Dr. med. phil. S. Borelli, Prof. Dr. med. R. Engst, 102 S., kart.
DM 19,90

Teebaumöl
1878-9, von S. Poth, Prof. Dr. J. Reichling, 96 S., kart.
DM 19,90

Natürlich entgiften mit der Öl-Zieh-Kur
60391-0, von I. Hammelmann, 88 S., kart.
DM 10,90

Die sagenhafte Heilkraft der Papaya
60396-1, von H. Tietze, 80 S., kart.
DM 12,90

MENSCH UND GESUNDHEIT · SPORT UND FITNESS

Heilen und Vorbeugen mit Wein
60311-2, von Dr. med. F.-A. Graf von Ingelheim, I. Swoboda, 96 S., kart.
DM 14,90

Grapefruitkern-Extrakt für Gesundheit und Kosmetik
60379-1, von R. Knoller, 80 S., kart.
DM 12,90

Rheuma
60040-7, von Prof. Dr. med. K. Gräfenstein, 108 S., kart.
DM 14,90

Gymnastik für die Halswirbelsäule
1610-7, von J. Engelmann, 96 S., kart.
DM 19,90

Streß bewältigen durch Entspannung
60070-9, von Dr. med. Ch. Schenk, 122 S., kart.
DM 14,90

Positives Denken und Entspannungstechniken
60305-8, von Dr. med. C. Schenk, 112 S., kart.
DM 12,90

Augentraining
1616-6, von M. Gollub, Hrsg.: K. Haak, 96 S., kart.
DM 24,90

Massage
60038-5, von K. Schutt, 78 S., kart.
DM 12,90

Akupressur
1231-4, von F. T. Lie, 192 S., kart.
DM 29,90

Fußsohlenmassage
60036-9, von G. Leibold, 96 S., kart.
DM 11,90

Yoga
60093-8, von U. Thomsen, 104 S., kart.
DM 12,90

Sport

FALKEN Lexikon für Pferdefreunde
7352-6, von G. Wöckener, 320 S., geb., mit Schutzumschlag
ersch. Mai 1998
DM 69,90

FALKEN Reihe: Ratgeber für Reiter
Ausstattung: zwischen 128 S. und 176 S., geb. oder kart.
Preis: zwischen **DM 29,90** und **DM 39,90**
4797-5 Ich will reiten lernen
4845-9 Junge Pferde selbst ausbilden
4871-8 Reiten für Einsteiger
4716-9 Reiten auf Gangpferden
4949-8 Wie verstehe ich mein Pferd?

Golf. Die frühen Jahre
7339-9, von D. Concannon, 144 S., geb., mit Schutzumschlag
DM 69,90

Der Schwung
4784-3, von O. Heuler, 128 S., geb.
DM 29,90

Fehler & Korrekturen
4872-6, von O. Heuler, 144 S., geb.
DM 39,90

FALKEN Reihe: Sportregeln
Ausstattung: zwischen 96 S. und 128 S., kart.
Preis: zwischen **DM 16,90** und **DM 24,90**
1676-X Basketball
1674-3 Pool-Billard
2135-6 Fußball
1754-5 Eishockey
1755-3 Tennis
1807-X Badminton

Tauchen
4955-2, von S. Müßig, 128 S., geb.
DM 39,90

Tennistraining mit System
4878-5, von A. Ferrauti, P. Maier, K. Weber, 192 S., geb.
DM 49,90

Billard
1313-2, von Dr. H. Stingl, 112 S., kart.
DM 29,90

Aggressive In-Line-Skating
1836-3, von U. Sauter u.a., 96 S., kart.
DM 24,90

Snowboarding
1860-6, von A. Hebbel-Seeger, 112 S., kart.
DM 29,90

Angeln
60080-6, von E. Bondick, 80 S., kart.
DM 12,90

Tanzen
4948-X, von P. Wolff, 192 S., geb.
DM 49,90

Fitness/Gymnastik

Fitness-Boxen
1671-9, von F. Kürzel, P. Wastl, 96 S., kart.
DM 24,90

Fit mit Ayurveda
60260-4, von J. Douillard, 208 S., kart.
DM 19,90

Stretching
60085-7, von E. Kleila, 64 S., kart.
DM 9,90

Muskeltraining zu Hause
60100-4, von A. Balk, 128 S., kart.
DM 14,90

Kampfsport

Aikido
2120-8, von R. Brand, 280 S., kart.
DM 24,90

Judo
0305-6, von M. Ohgo, 206 S., kart.
DM 24,90

Karate Grundlagen
1863-0, von E. Karamitsos, B. Pejcic, 144 S., kart.
DM 29,90

25 Shotokan-Katas
2125-7, von A. Pflüger, 88 S., kart.
DM 24,90

Bruce Lee – Sein Leben und Kampf
0392-7, von L. Lee, 136 S., kart.
DM 24,90

Bruce Lees Kampfstil 1
0473-7, von B. Lee, M. Uyehara, 112 S., kart.
DM 9,90

Bruce Lees Kampfstil 2
0486-9, von B. Lee, M. Uyehara, 128 S., kart.
DM 12,90

Dynamische Tritte
1683-2, von G. Chung, C. Rothrock, 128 S., kart.
DM 16,90

Taekwondo
0347-1, von K. Gil, 152 S., kart.
DM 16,90

Ninja
1161-X, von A. Adams, 192 S., kart.
DM 19,90

Heimwerken/Technik

FALKEN Reihe: Do it yourself
Ausstattung: zwischen 80 S., und 104 S., kart.
Preis: **DM 19,90**
1665-4 Reparaturen in Haus und Garten
1159-8 Betonieren, Mauern, Fliesen
1857-6 Bäder ausbauen und modernisieren

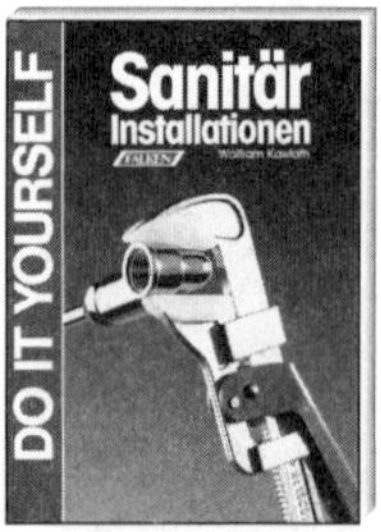

1118-0 Sanitärinstallationen
1799-5 Fliesen legen
1855-X Tapezieren und Streichen
1841-X Dachausbau
1995-5 Innenausbau mit System
1859-2 Elektroarbeiten
1716-2 Sicherheit an der Haustür

Heimwerken
4983-8, von T. Pochert, 416 S., geb.
DM 49,90

Foto/Video

Moderne Fotopraxis
7310-0, von G. Koshofer, Prof. H. Wedewardt, 240 S., geb.
DM 49,90

Zeichnen und Malen

Kreativ zeichnen
4688-X, von B. Bagnall, 176 S., geb.
DM 39,90

Aquarellmalerei
4529-8, von Prof. W. Wrisch, 136 S., geb.
DM 39,90

Kalligraphie
1044-3, von I. Schade, 80 S., kart.
DM 19,90

Airbrush
1133-4, von C. M. Mette, 80 S., kart.
DM 19,90

Seidenmalerei

Lexikon der Seidenmalerei
4737-1, von K. Huber, 208 S., geb.
DM 49,90

Aquarellieren auf Seide
4842-4, von Shahida, 112 S., geb.
DM 39,90

Einführung in die Seidenmalerei
0611-X, von R. Henge, 88 S., kart.
DM 19,90

Malen auf Seide
4941-2, von C. Köhl, Shahida, 112 S., geb.
DM 29,90

Verschiedene Techniken

Alles aus Wellpappe
1430-9, von I. Kasperek, 64 S., kart.
DM 19,90

Landhausstil
7332-1, 128 S., geb.
DM 34,90

Artischockentechnik
1682-4, von M. von Perbandt, K. Teuber, 64 S., kart.
DM 19,90

Patchwork und Quilt
4803-3, von I. Kahmann u.a., 112 S., geb.
DM 29,90

Nähen
4709-6, von S. von Rudzinski, 176 S., geb.
DM 39,90

Perfekt Stricken
4821-1, von H. Jaacks, 224 S., geb.
DM 39,90

Töpfern ohne Scheibe
0896-1, von A. Riedinger, 80 S., kart.
DM 19,90

Dekorieren und Gestalten mit Naturmaterialien
4748-7, von E. Dommershausen u.a., 128 S., geb.
DM 29,90

Stempeln
1823-1, von E. Metz, P. Läpple, 80 S., kart.
DM 19,90

Freundschaftsbänder
1720-0, von A. Neeb, E. Walch u.a., 64 S., kart.
DM 19,90

Bücher, Alben, Schachteln selbermachen
4772-X, von P. Baumgartner, 96 S., geb.
DM 29,90

Geldgeschenke und Geschenkgutscheine
1684-0, von S. Haenitsch-Weiß, 64 S., kart.
DM 19,90

Spiele/Denksport

Bridge für Einsteiger
1691-3, von B. Ludewig, 104 S., kart.
DM 16,90

Doppelkopf
1828-2, von U. Vohland, 96 S., kart.
DM 16,90

Kartenspiele
7333-X, von M. Mala, 176 S., geb.
DM 29,90

Backgammon für Einsteiger
1690-5, von M. B. Fischer, E. Heyken, 104 S., kart.
DM 16,90

SPIELE UND DENKSPORT · FALKEN FÜR KINDER · GARTEN · TIERE

Patiencen
60020-2, von I. Wolter-Rosendorf, 112 S., kart.
DM 12,90

Poker
60225-6, von C. D. Grupp, 112 S., kart.
DM 12,90

Schach für Einsteiger
1724-3, von E. Heyken, 120 S., kart.
DM 19,90

Spielideen für Partys
1725-1, von E. und H. Bücken, 88 S., kart.
DM 16,90

111 Spielideen, das Gedächtnis zu trainieren
1829-0, von T. Werneck, 96 S., kart.
DM 16,90

Knobeleien und Denksportaufgaben
60099-7, von K. Rechberger, 100 S., kart.
DM 12,90

Ratgeber für Kinder

FALKEN Reihe: Ratgeber für Kinder
Ausstattung: zwischen 48 S., und 64 S., geb.
Preis: **DM 19,90**
4897-1 Mein Mutmachbuch
4898-X Mein Krankenhausbuch
4896-3 Mein erstes Pferdebuch

7337-2 Mein erstes Reitbuch
4991-9 Mein Kochbuch
4990-0 Mein Ballettbuch
4900-5 Mein Fußballbuch
4938-2 Mein Fahrradbuch
7335-6 Mein erstes Inline-Skating-Buch
4894-7 Mein Katzenbuch
4939-0 Mein Hundebuch
4993-5 Mein Hamsterbuch
7324-0 Mein Wellensittichbuch
7338-0 Mein Meerschweinchenbuch
4992-7 Wenn meine Eltern sich trennen

Kinderbeschäftigung

Das neue Bastelbuch für Kinder
4893-9, von U. Barff, I. Burkhardt, J. Maier, 208 S., geb.
DM 39,90

Basteln mit Pappe und Papier
4843-2, Hrsg.: U. Barff, 112 S., geb.
DM 29,90

Schminken und Verkleiden
4773-8, von W. Stelzenhammer, Hrsg.: U. Barff, 128 S., geb.
DM 29,90

Spielen mit einfachen Sachen
4994-3, von A.-G. Patz, D. Patz, 112 S., geb.
DM 29,90

Tanz-, Kreis- und Bewegungsspiele
7343-7, von A.-G. und D. Patz, 112 S., geb.
DM 29,90

Spiele für Kleinkinder
60022-9, von D. Kellermann, 104 S., kart.
DM 12,90

Kinderleichte Kochrezepte für kleine Leute
4850-5, von K. Müller-Urban, 128 S., geb.
DM 19,90

Garten

Die große FALKEN Gartenschule
7354-2, von J. Breschke u. a., 560 S., geb., mit Schutzumschlag
DM 79,90

FALKEN Gartenjahr
7355-0, von K. Greiner, A. Weber, P. Michaeli-Achmühle, 320 S., geb.
DM 39,90

100 englische Gärten
4885-8, von P. Taylor, 216 S., geb., mit Schutzumschlag
DM 79,–

Bauerngärten
4786-X, von U. Krüger, 128 S., geb.
DM 39,90

Naturgärten
4967-6, von J. Korz, 240 S., geb.
DM 69,90

Gartengestaltung mit Phantasie
7318-6, von K. Greiner, Dr. A. Weber, 208 S., geb., mit Schutzumschlag
DM 79,90

Blumen, Stauden, Ziergehölze
4753-3, von K. Greiner, Dr. A. Weber, 384 S., geb.
DM 69,90

FALKEN Lexikon Gartenteich
4778-9, von I. Polaschek, A. Fischer-Nagel, 216 S., geb.
DM 49,90

Grüner wohnen
4886-6, von U. Krüger, 144 S., geb., mit Schutzumschlag
DM 49,90

Tiere

Katzen auf natürliche Weise heilen
7314-3, von Dr. med. vet. C. Möller, 128 S., geb.
DM 29,90

Richtige Katzenernährung
1869-X, von H. Wenzel, 96 S., kart.
DM 16,90

Wellensittiche
1813-4 von H. Bielfeld 96 S., kart.
DM 16,90

Alles über Kanarienvögel
0901-1, von H. Schnoor, 64 S., kart.
DM 14,90

Zwergkaninchen
1680-8, von M. Mettler, 96 S., kart.
DM 16,90

Zwerg- und Goldhamster
1734-0, von M. Mettler, 96 S., kart.
DM 16,90

Meerschweinchen
1812-6, von M. Mettler, 96 S., kart.
DM 16,90

Das Süßwasseraquarium
4752-5, von Dr. med. vet. J. Etscheidt, 224 S., geb.
DM 49,90

Terrarium
7313-5, von W. Ullrich, 128 S., geb.
DM 29,90

FALKEN Reihe: Hundebibliothek
Ausstattung: zwischen 80 S. und 112 S., kartoniert
Preis: zwischen **DM 14,90** und **DM 19,90**

1757-X Dalmatiner
1756-1 Dackel
1677-8 Labrador, Retriever
1644-1 Neufundländer und Landseer
1596-8 Boxer
1513-5 Schäferhunde
1514-3 West Highland White Terrier
1808-8 Setter
1866-5 Siberian Husky
1809-6 Hovawart
1990-4 Tibet Terrier
1811-8 Foxterrier
1512-7 Streuner und Tierheimhunde
1604-2 Hundekrankheiten erkennen und behandeln
1991-2 Mit dem Hund in den Urlaub
1810-X Rechtsratgeber für Hundehalter

Das neue Hundebuch
60079-2, von W. Busak,
124 S., kart.
DM 14,90

Erfolgreiche Hundeerziehung
4808-4, von U. Birr,
144 S., geb.
DM 29,90

Reisevideo

FALKEN Reihe: Reisevideos
Ausstattung: VHS, ca. 60 Min. Laufzeit, in Farbe
Preis: **DM 39,95***

FALKEN hat Reisevideos zu über 70 Urlaubszielen in aller Welt von **A** bis **Z**

6249-4 Amsterdam

6226-5 Neuseeland

6206-0 Zypern

ISBN-Bestandteil: 3-8068- / bei Buchnummern, die mit der Ziffer 6 beginnen, lautet der ISBN-Bestandteil: 3-635-

BESTELLSCHEIN

Hiermit bestelle ich aus dem Programm der Verlagsgruppe FALKEN, Postfach 11 20, D-65521 Niedernhausen, **durch die Buchhandlung:**

Falls durch besondere Umstände Preisänderungen notwendig werden, erfolgt Auftragserledigung zu dem bei der Lieferung gültigen Preis.
(Soweit gesetzlich nicht anders vorgesehen, ist der Erfüllungsort und Gerichtsstand der jeweilige Sitz der Lieferfirma).

Anzahl	Bestell-Nr.:	Titel	Einzelpreis	Gesamtpreis
			Summe	

zzgl. Porto- und Versandkosten

Name: Straße:

Ort:

Datum: Unterschrift:

(Bei Jugendlichen der gesetzliche Vertreter)

FTB-VV F '98

Werbemittel-Nr. 99143